Auf zur Freiheit, auf zum Glück!

MATTHIAS STROLZ

MEIN NEUES ÖSTERREICH

Heimat großer Chancen

ISBN 978-3-9504371-4-0

1. Auflage 2017, Wien, Contentkaufmann

Bildnachweise: Umschlag außen: Peter Podpera: Umschlag innen: Nicole Heiling; S. 36: Karola Riegler; S. 38, 66: Nicole Heiling; S. 64: Alex Halada; S. 10, 11, 104, 118: NEOS

INHALT

AM WENDEPUNKT

Österreich steht an einem Wendepunkt seiner Geschichte. Das rot-schwarze Machtkartell, von dem das Land jahrzehntelang dominiert wurde, liegt im Sterben. Was über 70 Jahre währte, wird bald nicht mehr sein.

Die Bürgerinnen und Bürger werden die Weichen stellen. Du hast die Wahl! Sollen die Angst-Macher mehr Kraft bekommen oder die Mut-Macher? Mehr Linkspopulismus, mehr Rechtspopulismus oder charakterfeste Mitte? Mehr Sozialismus, mehr Nationalismus oder mehr Optimismus? Gilt es, die Kräfte der Verengung zu stärken, um Abschottung und ein autoritäres Staatsverständnis voranzutreiben? Oder entscheidest Du Dich für eine moderne, liberale BürgerInnenbewegung, die Österreich als ein selbstbewusstes, weltoffenes Land im Herzen Europas begreift? Soll Österreich den Weg der steigenden Steuern und Schulden, der wuchernden Bürokratie und des üppigen Filzes fortsetzen, oder erhebst Du Deine Stimme für entschlossene Reformen, um unser Land enkelfit zu machen?

Wo kommt ihr her und wo wollt ihr hin? **Wofür steht ihr NEOS?** Und was hat das mit mir als Bürgerin, als Bürger zu tun? Habt ihr eine Vision für Österreich? Und was wollt ihr konkret anpacken?

Solche oder ähnliche Fragen höre ich immer wieder. Klar, es braucht seine Zeit, bis eine neue Bewegung in den Köpfen, Bäuchen und Herzen der Menschen angekommen ist. Damit wir wahrgenommen werden, müssen wir uns zeigen. Dieses Buch dient genau dazu.

»**Populistisch**« und »**postfaktisch**« sind zwei Wörter, die derzeit Hochsaison haben. Lasst uns einen Gegenentwurf bauen! Nutzen wir unseren Verstand, wenn es darum geht, die Spielregeln für unser Zusammenleben zu definieren. Wenn Bullshit und Fake News zum politischen Programm werden, müssen wir als selbstbewusste Bürgerinnen und Bürger dagegenhalten.

Mit diesem Buch zeichne ich **meine Vision von Österreich als *Freie Chancengesellschaft***. Ich wende mich insbesondere an jene, die noch kein klares Bild von unserer Bewegung haben; an alle, die ein Gefühl für unsere Bewegung bekommen möchten und wissen wollen, an welchem Österreich wir arbeiten, welche Werte und Ziele uns dabei leiten, was wir konkret verändern wollen und welche Maßnahmen dazu geeignet sind.

Ich

Im ersten Abschnitt erzähle ich **meine persönliche Geschichte** als ein Bürger Österreichs; von meiner Kindheit bis hin zur Arbeit als Chef der jüngsten Parlamentskraft. Was habe ich bekommen, was gegeben? Was bewegt mich, was will ich bewegen?

Du

Im zweiten Abschnitt schauen wir auf das aktuelle Machtsystem und ob dieses **mit Dir als BürgerIn in einem fairen Austausch** steht. Was kannst Du persönlich bewirken? Was kann und soll Dir die ***Freie Chancengesellschaft*** bedeuten und bringen? Ja, ich mache Dir ein Angebot.

Wir gemeinsam

Im dritten Abschnitt gehen wir dorthin, wo üblicherweise der Hund begraben liegt: ins Detail. **Wie schauen Lösungen aus** – für Unternehmergeist und mehr Jobs, für eine Bildungswende, im Sozialbereich, bei Zuzug und Integration, bei der Erneuerung des politischen Systems oder für ein kraftvolles Europa?

Jenseits von Politikfloskeln habe ich mir vorgenommen, die Dinge beim Namen zu nennen; Zustände zu beschreiben, die wirklich »ein Zustand« sind – in der Überzeugung, dass Du und ich, wir gemeinsam, **positive Veränderung voranbringen** können.

Ich möchte meine nächsten Jahre der entschlossenen Arbeit an Reformen in **Regierungsverantwortung für Österreich** widmen. Freilich muss auch dieses Regieren neu gedacht und gelebt werden. Die Bevölkerung sowie alle parlamentarischen Kräfte sind umfassend einzubinden. Dazu haben wir heutzutage ganz andere Möglichkeiten als noch vor wenigen Jahren. Es soll eine pulsierende Demokratie sein, eine vitale, moderne Republik. Wir NEOS wollen neben Lösungen auch Lust und Lebendigkeit in die Politik bringen. Die Welt zum Positiven geändert haben stets die Neugierigen, die Wagemutigen, die Nicht-Aufgeber. Nicht die Nörgler, Zynikerinnen oder Zauderer.

Ich freue mich, wenn Du mit anpackst. Los geht's!

Matthias Strolz, Mai 2017

ICH

Zu Beginn möchte ich Dir meine persönliche Geschichte erzählen. Was habe ich bekommen? Was habe ich gegeben? Was will ich bewegen?

» Erkenne dich selbst! «
Inschrift am Apollotempel in Delphi

Ich habe viel von meinem Land bekommen

Bei meiner privaten Studienabschlussfeier dankte ich in meiner Rede zu Beginn den Steuerzahlerinnen und Steuerzahlern sowie unserer Republik. So steht es auch in meiner Diplomarbeit vom August 1998: »Zuallererst möchte ich meinen Dank an die Bürgerinnen und Bürger der Republik Österreich aussprechen. Die Unterstützung durch Stipendien ermöglichte es mir, das zu tun, was ich getan habe – mein Studium voranzutreiben und mein Leben mit einem hohen Maß an Freiheit und Leidenschaft zu organisieren. Diese Umstände halte ich nicht für selbstverständlich, sondern für ein glückliches Privileg.«

Privileg erlebte ich hier nicht im Sinne unfairer Vorrechte, deren es in Österreich durch Klientelpolitik und Freunderlwirtschaft viel zu viele gibt. Es geht um die **Rechte des und der Einzelnen** in unserem Gemeinwesen, in unserer Republik, wie sie nicht allerorts auf diesem Planeten selbstverständlich sind. Diese »BürgerInnenrechte« waren vielfach **der Schlüssel zu meinem persönlichen Glück.**

Frohes Kind mit großem Auslauf

Ich hatte als **Bergbauernbub in Wald am Arlberg** im Vorarlberger Klostertal eine großartige Kindheit. Umsorgt in einem liebevollen Elternhaus, entwickelten sich meine Wurzeln und Flügel ausgezeichnet. Vor unserer Haustür war ein gleichsam grenzenloser Spielplatz aus Dorf, Wald und Wiese.

Meine **Mutter** ist eine beherzte Bergbäuerin, stets umfassend im Dorfleben und Gemeinwesen engagiert. Mein **Vater** war einfacher Angestellter in der Textilbranche, der immer wieder die Fenster zur großen Welt aufmachte. Er reiste gerne in all den Jahren, bevor ihm Krankheiten den Bewegungsradius Stück für Stück raubten. Oft erzählte er uns Kindern von seinen Erlebnissen in Paris, wo er als junger Mann ein halbes Jahr jobbte. Auf unserem Fernseher standen eine Kennedy-Statue und ein kleiner Eiffelturm. Wichtige symbolische Platzhalter für »die große weite Welt da draußen«, wie ich erst viele Jahre später begreifen sollte.

Meine **Geschwister** und ich haben viel mitgearbeitet – auf dem Feld, im Stall und im Haushalt. Die Heuarbeiten gemeinsam mit der Verwandtschaft in der **Großfamilie** trage ich mit frohen Bildern in Kopf und Herzen, auch wenn ich oft lieber, so wie andere Kinder und Jugendliche, ins Freibad gegangen wäre.

Von der Ankunft neuer Welten und Verantwortungen

Gäste, vor allem aus Deutschland, waren unsere steten Begleiter. Wir hatten »Fremdenzimmer«, wie das damals hieß. Unsere **Urlaubsgäste** kamen meist in kleinen organisierten Cliquen und brachten den Planeten »Anders« in unsere wohlgeordnete Welt – seltsame Sprachmelodien, eigenwillige Gesprächsinhalte, selbstgedrehte Zigaretten und ungewöhnliche Bücher. Wir teilten mit ihnen den Winter über das Wohnzimmer und spielten oft lange, frohe Abende gemeinsam Würfel- oder Kartenspiele.

Als ich frisch ins **Gymnasium** kam, gesellte sich zu meinen zwei älteren Schwestern ein jüngerer **Pflegebruder**. Wir teilten das Zimmer und ein Doppelbett. Das war anfangs heftig, insgesamt aber eine gute Fügung für uns alle. Wir hatten einander über Jahre viel zu geben. Mit dem Jugendamt, das den Wechsel meines Pflegebruders zu uns begleitete, kam damals offiziell erstmals auch die Republik ins Haus.

Schon früh hatte ich **politisches Interesse**. Bereits als Volksschüler begann ich, Zeitungsausschnitte zum Geschehen in meiner Heimat zu sammeln. Was immer das Klostertal bewegte – vom Murenabgang über die Renovierung des Gemeindesaals bis zur Zugentgleisung –, alles wurde von mir registriert und archiviert.

Der Radius wird größer

Im Alter von zehn Jahren wurde ich Mitglied der Harmoniemusik Wald am Arlberg – als **Klarinettist** und später auch am Saxophon. Auch hier gingen neue Welten und Verantwortlichkeiten auf.
Als Schriftführer verfasste ich später das wohl längste handgeschriebene Protokoll der Vereinsgeschichte, und das Freibier schmeckte vom Arlberg bis nach Süddeutschland. Ich trat sodann auch der **Jugendmusikkapelle Klostertal** bei und half bei den Musikvereinen in den Nachbardörfern aus.

Das **Menschen-Zusammenführen** und das **Organisieren** waren schon früh meine Leidenschaften. Ich organisierte Ministranten-Wochen im »fernen« Liechtenstein, und wir staunten über die wilden Geschichten von Bischof Erwin Kräutler, der sich als

Befreiungstheologe in Xingu, der flächenmäßig größten Provinz in Brasilien, für die Rechte der indigenen Bevölkerung einsetzte und sämtlichen Ungerechtigkeiten der Welt die Stirn bot. Religion war damit Teil meines kulturellen Kontextes; sie war gleichzeitig gestaltbar und vielfältig.

Als Klassensprecher fühlte ich mich wohl und folgte dann auch meiner Schwester als **Schulsprecher**. Das Geld aus unserer Kuchenbuffet-Aktion beim Elternsprechtag überreichten wir der Frau des Landeshauptmanns für einen guten Zweck. Der Zeitungsbericht dazu wurde ausgeschnitten und archiviert.

Sturm und Drang

Als Landesschulsprecher hatte ich plötzlich ein Büro im »Unterland«, in Bregenz. Das war anfangs einigermaßen schräg, da mir die **Landeshauptstadt** bisher im wahrsten Sinne des Wortes fern lag. Doch es kam mir alles sehr gelegen, denn die Schule begann mich ziemlich zu nerven. Zu eng und zu ignorant strukturierte sie mein Leben und Lernen. Meine Interessen lagen woanders. Die Entschuldigungen begann ich mir selbst zu schreiben, und als **Seminar-Junkie** reiste ich durch ganz Österreich – vom Campen am Wolfgangsee mit der neuen Bundesschülervertretung bis zum Rhetorik-Seminar in Reichenau an der Rax. Kam der Retourzug nachts in Bludenz an und gab es keine Verbindung mehr in mein Heimatdorf, so suchte ich bis zum Schulstart Unterschlupf in einem öffentlichen Gebäude, wo auch immer ich eine offene Tür fand. Was für ein sicheres Land!

Ich genoss die **neuen Freiheiten** und kombinierte sie mit einem Hang zum Feste-Feiern; egal, ob in unserer eigenen »Henza-Bar«, bei Zeltfesten oder in der Disco des Nachbardorfs, die damals in Hochblüte stand und Leute aus ganz Vorarlberg und sogar Tirol anzog.

Der Ausbruch aus manch katholisch-konservativer Erwartungshaltung gestaltete sich mitunter als schwierige Operation. Eine ziemliche Sprachlosigkeit in Fragen eines Pubertierenden und komplexe Beziehungsdynamiken bei meinen ersten Liebschaften rüttelten heftig an mir. Feiern half – aber nicht immer.

In der Schule liebte ich **freie Projektarbeiten**. Die gab es selten genug. Am Tag der offenen Tür trug ich über Hexenverfolgungen in Österreich vor, und die Chance auf eine Fachbereichsarbeit zur Matura – der erste Jahrgang, der das machen konnte – fand ich großartig. Ich knüpfte mir die **Katholische Soziallehre** vor, weil mich Politik interessierte und der Religionslehrer der coolste Lehrer war. Er verstand mich und setzte sich mit mir auseinander. Er forderte und förderte mich – wie es viele beherzte Pädagoginnen und Pädagogen in Österreich tun und damit ganz entscheidend den Weg der heranwachsenden Kinder und Jugendlichen prägen.

Europäische Wanderjahre

Immer wieder zog es mich allein in die Berge, mitunter auch für mehrere Tage; zum **Studium** dann nach **Innsbruck**. Politikwissenschaft mit Fächerbündel sei ein brotloses Ding, meinten so manche. Ich hatte diesbezüglich wenig Ahnung und Einschätzung, denn bislang auch keine Freunde, die studierten. Zur Sicherheit nahm ich also die **Internationalen Wirtschaftswissenschaften** dazu. Es war das erste Studium in Österreich mit verpflichtendem **Auslandsjahr**, und dieses führte mich 1994/95 nach Dublin.

Bereits im Jahr davor bekam ich ein **Sprachstipendium** für einige Wochen an der Grande École in Le Havre an der französischen Atlantikküste. Das war eines meiner europäischen »Erweckungserlebnisse«. **Wir waren junge Leute aus über zehn europäischen Nationen und zelebrierten das Miteinander** exakt zu den 50-Jahr-Feiern der Landung der Alliierten in der Normandie. Mit einem gewaltigen Blutzoll hatten diese dort damals zur Befreiung unseres Kontinents von der Nazidiktatur angesetzt. Wo einst unsere Großväter zu Zehntausenden im Kugelhagel verblutet waren, lernten, feierten und sangen wir nun gemeinsam. Unsere kleine österreichische Truppe brachte dem versammelten Europa mit einer französischen Übersetzung von »Und jetzt gang i ans Peters Brünnele« das Jodeln bei. Die Strophen kommen mir rund 25 Jahre später noch gelegentlich in den Sinn und stimmen mich dann stets freudig. Was sind wir doch bislang für eine glückliche Generation im Vergleich zu den europäischen Verwerfungen und Tragödien über all die Jahrhunderte!

Nun wechselte ich also für ein Jahr auf die Grüne Insel. Die Vorfreude war groß. **Irland** war damals am Rande der Welt; diese Idee gefiel mir. Zudem war es die Umgebung meiner Lieblingsband U2. Und ich wollte auch wissen, wie es sein konnte, dass in einem wohlhabenden europäischen Land ein Bürgerkrieg nicht und nicht zu Ende gehen wollte. **Kurzstudien** führten mich später auch nach Belgien, Deutschland, Frankreich, Griechenland, Japan, Thailand und in die USA. Im Ausland merkte ich, dass es einen Unterschied macht, aus welchem Land man kommt. Als Österreicher war ich allerorts stets willkommen.

Als »Bürgermeister« in der hohen Lebensschule

Nachdem ich schon als **Chefredakteur** der Fakultätszeitschrift und stellvertretender Fakultätsvorsitzender meine Sporen verdient hatte, wurde ich 1996 zum **ÖH-Vorsitzenden** an der **Universität Innsbruck** gewählt. Plötzlich war ich »Bürgermeister« von fast 30.000 Studierenden und belegte einen zweijährigen Crashkurs in Sachen »Politik und überhaupt«. Mein Stipendium machte mir dieses Vollzeitengagement möglich, und in keinem Studium sollte ich so viel für mein Leben und meinen späteren Berufsweg lernen wie in meinen politischen und ehrenamtlichen Engagements.

Ich übernahm die HochschülerInnenschaft mit einer Million Schilling an negativem Eigenkapital und hatte vom ersten Tag an das **Wissenschaftsministerium** als Aufsichtsbehörde im Haus. Ständige Gäste waren auch die **Staats- und die Kriminalpolizei** – nach einer Diebstahlserie und einem Brandanschlag an Hitlers Geburtstag mit zusätzlichen Mord- und Briefbombendrohungen. Der Briefbombenattentäter Franz Fuchs war damals noch nicht gefasst; Angst und Paranoia waren entsprechend groß.

Ich tat, was ich konnte, arbeitete viel und gern. Alles wurde gut: Die Finanzen der HochschülerInnenschaft bekam ich in den Griff, die Diebstähle hörten auf, und die Staatspolizei konnte zwar den Brandanschlag und die Morddrohungen nicht aufklären, aber das Thema verlor irgendwann an Energie und Bedrohlichkeit. Ich konnte mit meinem Team zwei Jahre gut und konzentriert für die Studierenden arbeiten. Wir kämpften für faire Studienbedingungen, mehr Qualität in der Lehre, gute Beratungsleistungen in den Fakultätsvertretungen und ein faires Studierendenticket für die Öffis.

Mit der HochschülerInnenschaft der Gadjah-Mada-University in Yogyakarta schloss ich ein **Freundschaftsabkommen** und unterstützte sie in ihrem Kampf gegen den indonesischen Diktator Suharto. 1998 war ich im Rahmen einer Privatreise bei Protesten gegen seinen Nachfolger Habibie in Yogyakarta mit dabei. Das Militär identifizierte mich recht rasch als »**Fremdagent**« und startete Befragungen. Doch meine KollegInnen nahmen mich in eine Menschentraube auf und ließen mich in der Masse verschwinden. Am selben Tag starben in der indonesischen Hauptstadt **Jakarta** 16 Studierende bei gewaltsamen Zusammenstößen. Bereits in den Wochen davor waren etliche AktivistInnen entführt worden, manche kamen nie mehr zurück. Sie seien auf offener See den Haien zum Fraß vorgeworfen worden, so ging die Erzählung.

Sanitäter und Revolutionsführer

Meinen **Präsenzdienst** leistete ich nach dem Studium als Sanitätskraft beim Österreichischen Bundesheer und kam auch zeitweilig beim **Roten Kreuz** zum Einsatz. Als Sanitäter zeigte ich kein großes Talent. Aber es war ein eindrückliches Rendezvous mit meinen bürgerlichen Pflichten und einmal etwas ganz anderes. Auch **Ferialjobs** als Reiseleiter, Forstarbeiter, Briefträger und später als freischaffender Journalist brachten mich unter interessante Leute und verhalfen mir zu einem Einkommen.

Beim Europäischen Forum im Tiroler Bergdorf **Alpbach** führte ich als Stipendiat 1997 einen kleinen **Aufstand** an – unter dem leidenschaftlichen Motto »Liebeserklärung an die Alpbacher Geistesrepublik«. Diese war so heftig, wie Liebeserklärungen eben sein können. Aber konstruktiv. Unser Ziel war es, das altehrwürdige Forum ins 21. Jahrhundert zu befördern – weniger selbstreferenzielle Drehungen alter Männercliquen, mehr junge Leute, mehr Frauen, bunter, diskursiver, internationaler. »Das ist eine Palastrevolution«, meinten damals Altvordere; und diese sei bald vorbei. Man kenne das von André Heller und Gustav Peichl, die 1979 in Alpbach vorübergehend den Künstler-Freistaat »Artopia« ausgerufen hatten.

Doch wir sind geblieben. Der **»Spirit of Alpbach«** hält mich bis heute in seinem Bann – Europa, offener Diskurs, Interdisziplinarität; und viele spannende Menschen. Waren damals rund 150 junge Leute beim Forum, so sind es heute jährlich über 700 StipendiatInnen. Die TeilnehmerInnen kommen mittlerweile aus über 100 Nationen. Unser Beitrag für diesen Erfolg war wichtig. Wir gründeten bereits 1997 die **Initiativgruppe Alpbach Innsbruck** und halfen dann beim Aufbau von Gruppen in Brüssel, Wien und Niederösterreich. Sodann staunten wir über ein europaweites Feuerwerk. Heute gibt es über 30 solcher Clubs und

Initiativgruppen in über 20 Ländern. Tausende junge Menschen haben in den letzten zwei Jahrzehnten in der Tiroler Sommerfrische Inspiration und Chancen geschöpft.

Es war über Jahre viel ehrenamtliche Arbeit. Doch wir wurden reich beschenkt. Dieser intellektuelle Austausch in Alpbach tut nicht nur Österreich gut; er hat mir ganz persönlich viele imposante und wertvolle Begegnungen beschert. Nur ein Beispiel: Erhard Busek war damals begeistert von unserem Engagement und ist mir bis heute ein freundschaftlicher Wegbegleiter geblieben.

Wenn Chancen fehlen, wenn Chancen wachsen

Für mein **Doktoratsstudium** ging ich 1999 nach Wien. Vor allem hatte ich als »Political Animal« das Bedürfnis, in die Bundeshauptstadt zu ziehen. Ich kam mit leeren und freien Händen – im Gepäck hatte ich eine glückliche Kindheit, eine bewegte Jugend, solide Bildung, einen beachtlichen Erfahrungsschatz und ein wachsendes Netzwerk an Kontakten. Rasch startete ich als Kommunikationstrainer, Coach und Seminarleiter in die **Selbstständigkeit**.

Anfangs arbeitete ich vor allem mit **Non-Profit-Organisationen** und **arbeitslosen Jugendlichen**. Letztere brachten mir eine Erfahrung »der anderen Art«. Frisch angekommen in der großen Stadt, schockierte mich diese – für mich neue – Realität Österreichs. Während einer Exkursion mit der von mir betreuten Gruppe schaukelte sich auf der Donauinsel ein Konflikt zwischen KursteilnehmerInnen auf. Ein stramm autochthoner Österreicher kam übers Kreuz mit zwei türkischstämmigen Mädchen. Diese organisierten via Handy einige Freunde. Die Auseinandersetzung endete in groben Handgreiflichkeiten. Über das ganze Wochenende galt Alarmstufe Rot, damit sich diese Auseinandersetzung nicht in einen Bandenkrieg entladen möge. Am Montag kam eines der Mädchen mit dem neuen Problem in den Kurs, dass ihr Bruder am Wochenende ein Auto gestohlen hatte und sie mit diesem von der Polizei erwischt worden war. **Ich staunte; immer wieder.** Und brauchte gelegentlich am frühen Abend eine lange Dusche, um zu mir zu kommen.

Die Arbeit mit diesen Jugendlichen, die nicht so wie ich mehrheitlich auf die Butterseite des Lebens gefallen waren, hatte mich tief berührt. Und gerade auch diese Erfahrung motivierte mich einige Jahre später, bei der Umsetzung eines Stipendienprogramms für engagierte Jugendliche mit Migrationshintergrund anzupacken. Ich wurde erster Projektleiter von **START Österreich**, das nunmehr seit über zehn Jahren eine großartige Erfolgsgeschichte ist. Die engagierten Jugendlichen werden mit Seminaren und anderen maßgeschneiderten Angeboten bis zum Maturaabschluss begleitet. Mittlerweile gibt es auch Vorstipendien für minderjährige Flüchtlinge, die zumeist für einen erfolgreichen Einstieg in die Lehre vorbereitet werden. Es ist ein **Programm zur Erzeugung von Chancen** – gemeinsam mit mittlerweile 75 Kooperationspartnern. Über 100 aktive StipendiatInnen und rund 160 engagierte AbsolventInnen geben erfolgreicher Integration in Wien, Vorarlberg, Salzburg und Oberösterreich ein Gesicht; viele Gesichter. Sie bilden einen hellen Leuchtturm für mehr Chancengerechtigkeit, für eine offene, sozial durchlässige Gesellschaft.

Gemeinsam das Neue in die Welt bringen

Im Frühjahr 2000 wurde ich über Empfehlung des Wohnungskollegen eines Freundes für ein knappes Jahr **Trainee** bei der Industriellenvereinigung und **parlamentarischer Mitarbeiter** des Vorarlberger Abgeordneten Karlheinz Kopf. Zuerst war ich zögerlich, hatte ich doch erst vor Kurzem die Einladung ausgeschlagen, in das Presseteam des Vorarlberger Landeshauptmanns einzusteigen. Mir war – und ist – wichtig, nie von der Politik abhängig zu werden. Daher wollte ich meine Selbstständigkeit vorantreiben. Das akzeptierte mein Abgeordneter auch, und so schlug ich ein. Karlheinz Kopf war ein guter Chef und ließ mir eine lange Leine. Dennoch hielt es mich nur kurz im Parlament. Ende des Jahres wagte ich mich mit einem alten Bekannten aus SchülerInnenvertreterzeiten an eine **GmbH-Gründung**, hatten wir doch gemeinsam einen großen Auftrag eines führenden Automobilkonzerns an Land gezogen. Plötzlich war ich also **Unternehmer**.

Es gelang mir sehr gut, meine Interessen und **Hobbys zum Beruf** zu machen. »Wie tun wir Menschen am besten miteinander? Und wie kommt das Neue in die Welt?« Diese Fragen faszinieren mich. Als **Kommunikationstrainer, Coach und Organisationsentwickler** war es mir möglich, tagtäglich an diesen Herausforderungen zu arbeiten und zahlreiche Unternehmen und Non-Profit-Organisationen in ihrer gedeihlichen Entwicklung zu begleiten.

Mein **Doktorat** hatte mich nach einem kurzen Intermezzo an der Wirtschaftsuniversität Wien schließlich an das Institut für Interdisziplinäre Forschung und Fortbildung an der Kulturwissenschaftlichen Fakultät der **Uni Klagenfurt** geführt. Dass mein Fachbereich in Wien ansässig war, erleichterte mir das Zeitmanagement. Das gewählte Thema »Das Veränderungskonzept der Organisationsentwicklung in politischen Organisationen« fand meine volle **Neugierde und Leidenschaft**. Ich wollte wissen, wie die Politik tickt und wie man politische Organisationen erfolgreich gestalten kann. Meine Dissertation reichte ich Ende 2003 ein. Im Anschluss absolvierte ich weitere Ausbildungen als systemischer Berater und Coach. Parallel dazu wurde ich Konsulent beim Österreichischen Wirtschaftsbund, den ich etliche Jahre begleitete. Dieses berufliche Engagement beschleunigte auch die **Strategie- und Politikberatung**, die wichtige Geschäftsfelder unseres Unternehmens wurden.

Ich arbeitete in diesen Jahren viel und mit großer Begeisterung. Unser offizielles Unternehmensmotto lautete **»Aus Freude an Verantwortung«**. Das irritierte manche Kunden. Schon damals spürte ich die Skepsis, die GründerInnen mitunter begegnet und in Fragen mündet wie: »Bist du dir sicher? Warum tust du dir das an?« Aber es gab auch viel positive Bestätigung und Wertschätzung.

Der Preis der Freiheit

Als Unternehmer lernte ich auch, was es mit dem Gerede von den zu hohen **Lohnnebenkosten** so auf sich hat; was es heißt, wenn kurzfristig Aufträge wegbrechen, das Geld ausgeht und die doppelten Gehälter vor der Tür stehen, gefolgt von den doppelten Zahlungen an die Sozialversicherung. Österreich hat hier ein Problem. Bürokratie sowie **Steuer- und Abgabendruck** knebeln den Unternehmergeist und erschweren das Schaffen neuer Jobs ganz gewaltig.

Zwölf Jahre war ich Unternehmer und Geschäftsführer. Wir gründeten mehrmals um und gliederten auch eine zusätzliche Firma aus. Nicht alle unsere Vorhaben waren von Erfolg gekrönt, aber viele. Unsere Kunden kamen in allen Größen und Formen – vom Bürgermeister bis zur Ministerin, von der Tischlerei bis zum führenden Weltkonzern.

Wir hatten in Summe eine gute Entwicklung. Als ich 2012 für die Gründung unserer politischen Bewegung die Geschäftsführung zurücklegte, zählten wir 16 MitarbeiterInnen (davon 12 Frauen). 2013 gab ich alle Geschäftsanteile ab, um das Unternehmen nicht weiter mit dem Bannstrahl des alteingesessenen Machtsystems zu belasten.

Die **Freiheit als Unternehmer** genoss ich über all die Jahre, auch wenn sie oft nur eine eingebildete ist – die Sachzwänge sind mitunter groß – und um den Preis des höheren Risikos erkauft wird. Das schien mir stets ein **fairer Deal** zu sein.

In meiner **Tätigkeit als systemischer Organisationsentwickler** und Berater konnte ich all meine bisherigen Erfahrungen und Ausbildungen optimal einbringen und lernte unser Gemeinwesen nochmals von vielerlei neuen Seiten her kennen: das Sozialsystem, den Gesundheitssektor, die Ministerialbürokratie, die politischen Parteien und ihre Vorfelder, den Bildungsbereich, die öffentliche Infrastruktur, das Kammerwesen, den Föderalismus mit seinen Ansprüchen und Abgründen …

Veränderung ist möglich!

Was ich in diesen Jahren vor allem lernte: Veränderung ist möglich. Die Menschen sind dafür zu gewinnen – vor allem dann, wenn sie merken, dass ihnen das aktuelle System permanent Grenzen setzt, die sie in ihrer Tatkraft und ihrem Gestaltungsfreiraum einschränken. Wichtig für gelingende Veränderungsprozesse sind freilich eine starke gemeinsame Vision und klar formulierte Ziele. Der Weg entsteht dann mitunter erst beim Gehen, und manchmal kommt der Veränderungsprozess auch ganz woanders an als ursprünglich geplant. Das »echte« Leben macht dem Plan mitunter einen Strich durch die Rechnung oder weist womöglich eine noch stimmigere Zieldestination zu. Auch wurde mir klar, dass für gelingende Veränderung das Bekenntnis der Chefetage und der Führungskräfte wichtig und erfolgskritisch ist.

Der Dreiklang, entlang dem wir Veränderungsprozesse designten und als Unternehmen begleiteten, lautete: **Erleben – Verstehen – Gestalten**. Auch ich war mittendrin in diesem Dreiklang. Ich hatte nun einiges erlebt, ich hatte so einiges verstanden, und in mir wuchs die Überzeugung: Ich halt's auf dem Zuschauersessel nicht mehr aus. **Das mit der Politik, das geht besser!** Ich will jetzt konkret anpacken. Ich will ein großes Rad drehen. Ich will Österreich mitgestalten.

Der Liebe gefolgt

Meine größte Gestaltungsaufgabe lag derweil im Privaten. Im **Oktober 2005 hatten Irene und ich geheiratet, und drei Kinder halten uns bis heute auf Trab**. Kinder sind für mich das Größte, was ich auf diesem Planeten »machen« kann. Und ich halte Vater zu sein für die größte Grenzerfahrung meines bisherigen Lebens: immer wieder an und über der Grenze – sei es durch Schlafentzug, durch Fragen der Vereinbarkeit von Beruf und Familie, durch die hundert kleinen Herausforderungen des Familienalltags, die manchmal einfach viel, sehr viel sind. **Ich liebe es, Vater zu sein.**

Und ich liebe Politik. Das ist auch der erste und letzte Satz in meinem Buch »Warum wir Politikern nicht trauen. Und was sie tun müss(t)en, damit sich das ändert« (K&S-Verlag, 2011). Um mich zu sortieren und zu fokussieren, begann ich, Bücher zu schreiben oder mitzuschreiben. Das hilft mir bis heute.

»Ich werde irgendwann in der Politik sein«, hatte ich meiner Frau schon vor unserer Hochzeit gesagt. Es war mir klar, dass ich mich mittel- bis langfristig diesem inneren Auftrag nicht entziehen konnte oder wollte. Der **Ruf des Herzens** wurde immer lauter: Tu was! Greif hin! Mach es, wenn du glaubst, es geht besser!

Wer den Ruf des Herzens ignoriert, zahlt einen hohen Preis. Ungelebtes Leben vergiftet. Die Perspektive, dass ich mit 45 Jahren um 19.30 Uhr auf der Couch sitzen würde, um zynisch und herablassend die Nachrichtensendung zu kommentieren, zog vor meinem geistigen Auge auf. So in etwa erklärte ich es meiner Frau: »Ja, es wird unser Leben auf den Kopf stellen. Komplett. Und wahrscheinlich werde ich 15 Stunden die Woche weniger zu Hause sein. Doch ich bin mir sicher: Wenn ich es nicht mache, dann werde ich ungenießbar. Dann habe ich gekniffen. Dann werde ich zynisch. Und so einen Typen willst du nicht zu Hause auf der Couch haben. Und ich auch nicht.«

Meine Frau und ich haben eine Vereinbarung, und diese lautet: **Jeder unterstützt den anderen bei seinen Herzensanliegen.** Wir verstanden beide, dass nun die Zeit gekommen war, zu der alle Gründe für ein Nein zu klein wurden. Aristoteles meinte, dass unsere persönliche Berufung dort liege, wo sich die Bedürfnisse der Zeit mit den eigenen Talenten treffen. Damit – und mit meiner Angstlust in Sachen Politik – hatte ich mich gründlich auseinandergesetzt. Und an dem Tag, an dem die Lust größer war als die Angst, packte ich die Aufgabe an: die Gründung einer politischen Bewegung, die in Richtung Parlament zieht.

Vom Bergbauernbub zum BürgerInnenbeweger

Schon länger hatten wir in kleinen Kreisen immer wieder über eine Parteigründung philosophiert. **»Es braucht etwas Neues«**, war das Fazit so mancher Weinrunde. Doch wir waren alle sehr beschäftigt mit unseren Leben – wie es mitunter so ist in dieser Sandwich-Dekade: Berufskarriere vorantreiben, Kinder kriegen, Nest bauen … Gemeinsam mit Veit Dengler, damals General Manager bei Dell in Bratislava, griff ich dann jenen Mut und jene Entschlossenheit auf, die es brauchte, um die Initialzündung zu geben.

Ich hatte gerade meine Buchtour durch Österreich abgeschlossen und wurde im Oktober 2011 von derstandard.at zu einem Streitgespräch mit Staatssekretär Josef Ostermayer eingeladen. Wir trafen uns im mumok – Museum moderner Kunst und führten eine heftige Diskussion. Das Interview ist nach wie vor unter dem Titel »Wir produzieren schließlich keine Jaguars und Rolls-Royces« online. Zum Abschluss fragte der Journalist: **»Würden Sie Herrn Strolz raten, in die Politik zu gehen?«** Staatssekretär Ostermayer antwortete: »Ich bin mir nicht sicher, ob er sich das antun will. Er schreibt ja auch, dass Politiker für viele Frustrationen des Alltags, wenn jemand gerade mit dem Partner gestritten hat oder die Straßenbahn davongefahren ist, als Blitzableiter dienen. Ich glaube, er will nicht der Blitzableiter sein, sondern lieber über die Blitzableiter schreiben.« Meine Antwort darauf war: »Ich werde in der Politik sein. Das weiß ich aus der Tiefe meines Wesens. Aber die Zeit ist noch nicht reif für mich. Man muss auch den richtigen Zeitpunkt erkennen und warten können.« Tags drauf rief mich Veit Dengler an und wir waren uns einig: Der Tag ist gekommen. Die Zeit ist reif.

Irgendwie liegt mir das Thema **»BürgerInnenbewegung«** vielleicht auch im Blut. Schon mein Ururgroßvater – von meinem Papa sehr verehrt – war ein Parteigründer. **Franz Michael Felder**, Bergbauer in Schoppernau im Bregenzerwald, schrieb Bücher und gründete 1866 die »Vorarlberg'sche Partei der Gleichberechtigung« (nicht der Geschlechter, sondern der sozialen Klassen). Eine echte Erneuerungs- und Freiheitsbewegung. Seine Biografie »Aus meinem Leben« hatte ich gerade zum zweiten Mal gelesen, und sie berührte mich sehr. »Ich war nie glücklicher als bei der Lektüre dieses Buches«, meint Peter Handke dazu. Mich dagegen beklemmten vor allem die Verstrickungen und Verwerfungen aller Art, in die Felder sich und seine Familie mit seinen Vorhaben stets begab.

Insbesondere drei Kriterien – so hatte ich mir das zurechtgelegt – **mussten für eine Parteigründung gegeben sein:** Unsere jüngste Tochter musste durchschlafen, sonst würde ich das nicht aushalten. Unser Unternehmen sollte auch ohne mich als Gründer eine faire Chance haben, zu überleben und sich gut weiterzuentwickeln. Und die finanzielle Überlebensfähigkeit für unsere Familie sollte zumindest für ein Jahr gewährleistet sein, damit ich mich voll und ganz der Gründung der Bewegung widmen konnte.

Die Dinge nahmen ihren Lauf. Das erste Kriterium war abgehakt. Das zweite schien in Griffweite. Und das dritte konnte mich nicht zurückhalten. Meine Hausbank zog eine Kreditzusage nach längerem Hin und Her zurück, doch ich erhielt zwei Darlehen von einem Freund und meiner Schwester. Meine Bankomatkarte war zwei Tage nach der Nationalratswahl endgültig »tot«. Aber da waren die Würfel schon gefallen, und ich konnte aufatmen.

Die Hürden groß, der Einsatz auch

Natürlich gab es viele Hürden auf dem Weg zum Einzug in den Nationalrat. Da waren nicht nur die **Angriffe auf unsere materielle Basis**. Die Drohungen waren recht explizit: »Den bringen wir in zwei Tagen um«, gab der damalige Generalsekretär der ÖVP meinen MitstreiterInnen in persönlichen Gesprächen mit. Das Dossier dazu liege schon in der Schublade. Auch der **Aufbau von Strukturen** war kein Selbstläufer. Für die Finanzierung des ersten angestellten Mitarbeiters legten wir im kleinen Kreis Spenden zusammen. Die Zahl jener, die ehrenamtlich mit anpackten, wuchs jedoch rasch an, und bald erschienen in Randnotizen auch erste Zeitungsberichte über unser Vorhaben. **Der politische Mitbewerb verfolgte unser Tun aufmerksam.** Wir waren in jedem Schritt transparent und legten unsere Ziele und Pläne offen, wenn sich jemand dafür interessierte.

Gleichzeitig beschlossen wir, bis zum offiziellen Gründungskonvent keine proaktive Medienarbeit zu betreiben. Wir wollten zuerst ordentlich »in Form kommen«. Denn das alteingesessene System zeigte sein hässliches Gesicht: das der repressiven Macht und der hemmungslosen Besitzstandswahrer. Etliche MitstreiterInnen hatten ungute Erlebnisse – von Kündigungsdrohungen bis zu plötzlichen Steuerprüfungen.

Doch wir waren nicht aufzuhalten. Unser Vorhaben »Österreich erneuern« entwickelte rasch Dynamik. Allein im ersten Jahr investierten wir **über eine halbe Million ehrenamtliche Stunden** in unsere BürgerInnenbewegung. Wir hatten einen »leisen« Parteivorbereitungsverein gegründet und waren mit der Initiative »Österreich spricht« öffentlichkeitswirksam unterwegs. Zudem bauten wir munter und gekonnt an Allianzen. Nach der Prüfung von über 20 möglichen PartnerInnen sollte schlussendlich ein Bündnis mit den **JuLis** (Junge Liberale) und dem **Liberalen Forum** stehen. Auch die Online Partei nahmen wir gleichsam in uns auf.

Bei der offiziellen **Gründungsveranstaltung von NEOS** am 27. Oktober 2012 waren rund 250 Personen in der Urania am Wiener Donaukanal anwesend. Und von dort weg gingen wir in den Aufbau einer Kampagnenbewegung in Richtung Nationalratswahlen 2013. Die Tage waren lang, die Nächte kurz. Der Standard machte mich am Wahlabend des 29. September 2013 zum Kopf des Tages – als »hochtouriger, hitzeerprobter Stillstandsgegner«, dem vier bis sechs Stunden Schlaf reichen. Nun, unsere Bewegung hat sich gut entwickelt. Dafür brauche ich heute wieder meine rund sieben Stunden Schlaf, sonst halte ich den Job als Vorsitzender einer BürgerInnenbewegung nicht gut aus. Denn als Kapitän bist du natürlich auch immer die Anlaufstelle für Probleme – Probleme aller Art. Und von denen haben wir, wie in jeder großen Familie, genug. Eine Partei ohne interne Komplikationen ist eine tote Partei. Wir sind verdammt lebendig.

Gärtner des Lebens

Lebendigkeit ist mir wichtig. Neben meiner liberalen Grundhaltung leitet mich mein Bekenntnis zur Biophilie – die Liebe zum Leben, zum Lebendigen. Ich verstehe mich als »Gärtner des Lebens«. **Ich kultiviere soziale Felder** – egal, ob als Coach, Berater, Buchautor, Vater, Nachbar, Unternehmer oder Politiker. Ich tue quasi immer das Gleiche. Das halte ich für meinen inneren Auftrag.

Die Wechselfälle des Lebens sind mir bekannt. Ob Krankheit, Gebrechlichkeit, Unfall oder Tod. **Das Leben ist Licht und Schatten. Und das ist gut so.** Was wäre das Leben ohne das Sterben? Nicht viel. Die ersten zwei Begräbniskränze unseres Parlamentsklubs lagen an den Gräbern meines Schwiegervaters und meines Vaters. Ich erlebte, wie wichtig und gut es war, dass mein Vater aus Krankheitsgründen vorzeitig in Pension gehen konnte. Der Gemeinschaft der Sozialversicherten sei Dank! Ich konnte beobachten, wie die liebevolle Pflege meines an Demenz erkrankten Schwiegervaters über zehn Jahre viel Energie und Aufwand nicht nur in der Familie, sondern auch im Gesundheitssystem erforderte. Unser Gemeinwesen machte das möglich.

Das Leben ist ein Auf und Ab. Doch das Glück war bisher oft auf meiner Seite. Meist das **Glück des Tüchtigen**. Wobei ich mir nicht sicher bin, ob ich dafür etwas kann – als Bergbauernbub mit alemannischen Wurzeln wirst du ja auf Tüchtigkeit trainiert.

»Was du bekommst, ist immer das, was du gegeben hast«, singt Udo Jürgens. Ich mochte seine spezifische Art der Lebendigkeit sehr. Ob es gar so linear abläuft im Leben, das wage ich zu bezweifeln. Aber es ist wohl etwas dran an diesem Befund. Und es ist eine gute Lebenshaltung, wie ich meine.

Ich habe viel bekommen. Ich habe viel gegeben. Ich hatte viel Glück bis hierher; viele Freiheiten und ebenso viele Chancen. Das ist meiner Familie zu verdanken, meiner Frau Irene, meinen Freunden und Weggefährten, schicksalshaften Fügungen, meinen Talenten und meiner eigenen Initiative … aber eben in hohem Grade auch unserem Gemeinwesen, unserer Republik Österreich. **Und hier will ich etwas zurückgeben.** Ich will dienen. Ich bin überzeugt, dass wir noch besser, umfassender und fairer die Chancen für die Menschen in unserem Land – Deine Chancen! – kultivieren können.

Die Freie Chancengesellschaft: Auf zur Freiheit, zum Glück!

»Zum Glück brauchst du Freiheit, zur Freiheit brauchst du Mut«, sagte Perikles, der im alten Athen Politik machte. Nein, für das persönliche Glück ist nicht die Politik zuständig. Das maßen sich nur totalitäre Regime an. Doch es ist die Politik, die ganz wesentlich den Rahmen dafür schafft, ob das Wachstum von persönlichem Glück einen guten Boden findet oder nicht. Diesen guten Boden will ich mit bestellen in Österreich und Europa: Chancen für die Menschen will ich kultivieren – in Freiheit und Verbundenheit!

Mein Leben hat mich zu einem leidenschaftlichen Kämpfer für eine ***Freie Chancengesellschaft*** gemacht – eine Gesellschaft, die einer freiheitlichen politischen, ökonomischen und sozialen

Ordnung verpflichtet ist. Eine Gesellschaft, welche die Freiheit des Bürgers und der Bürgerin gegenüber staatlicher Gewalt hochhält und schützt. Eine Gesellschaft, in der wir in mitmenschlicher Verbundenheit die individuellen und gemeinsamen Chancen kultivieren, auf dass die persönlichen und gesellschaftlichen Potenziale optimal in die Entfaltung kommen.

In **Umsetzung dieser Grundüberzeugung** hat mich mein Leben sodann zum Anführer einer außergewöhnlichen Bewegung von Bürgerinnen und Bürgern gemacht. Gemeinsam haben wir noch Großes vor. So die Wählerinnen und Wähler uns den Hebel dazu geben, möchte ich meine nächsten Jahre dem Vorhaben widmen, Österreich in Regierungsverantwortung entschlossen mit nach vorne zu entwickeln. Wir können, wir wollen, wir werden!

Was hat das mit Dir zu tun? Viel. Und das meiste davon entscheidest Du. Ich lade Dich ein, Dich in Deine Angelegenheiten einzumischen – politisch initiativ zu werden und politisches Engagement zu unterstützen. Oder gar mit uns diesen Weg zu gehen. **Ich lade Dich ein, mit anzupacken!**

ne

LiBRO
HABE MUT
NEOS.EU/ PETITION MACH MIT!
HABE MUT
Bildungs-reform JETZT
Stillstand raus NEOS rein
neos
DAS NEUE ÖSTERREICH
Stillstand raus, NEOS rein!

neos
DAS NEUE ÖSTERREICH
NEOS.EU
die Nr. 1
bei Schule
RAUS AUS DEM STILLSTAND
Bildungs-Reform JETZT
Bildungs-POWER statt Neugebauer
GEGR. 1827
Jetzt NEOS
MACH Politik statt MACHTPOLITIK
neos
DAS NEUE ÖSTERREICH

DU

Du bist ein freier Bürger, eine freie Bürgerin.
Bekommst Du vom aktuellen Machtsystem einen fairen Deal? Was kannst Du bewirken? Welches Angebot macht Dir die **Freie Chancengesellschaft**?

» Natürlich kümmere ich mich um die Zukunft. Ich habe vor, den Rest meines Lebens darin zu verbringen. « Mark Twain

Der Ort, wo wir uns ausmachen, wie wir miteinander leben

Ach, was braucht es Politik? Die nervt doch nur, im besten Fall. Ein dreckiges Geschäft. Ein Elend. Lieber nicht anstreifen!?

Wenn die Gespräche in Deinem Umfeld auf »die Politik« kommen, dann regieren wohl meist Wut, Frust, Zynismus oder Resignation. Das ist heute so. **Die Politik ist irgendwie unten durch bei den Menschen.** Sie hat ihre Glaubwürdigkeit verspielt. Verhöhnung macht sich breit. Wobei die Menschen sehr ambivalent sind: Während sich aus guter Distanz und in der vermeintlichen Anonymität der sozialen Medien teils brutale Aggressivität gegen die Politik und die PolitikerInnen entlädt, dominieren in der persönlichen Begegnung – egal ob auf der Straße, in öffentlichen Verkehrsmitteln oder bei offiziellen Veranstaltungen – durchaus Interesse und Wertschätzung. »**Ihr habt es ja auch nicht leicht**«, sagen mir da die Leute.

Und hier hake ich dann ein. Denn die Politik, das bin nicht **ICH**, das sind **WIR**. Und ein Wir gibt es nicht ohne ein **DU**. Ja, wir können die Politik morgen abschaffen. Aber sie wird übermorgen wieder da sein. Wir können sie anders nennen. Aber es wird dennoch Politik sein.

Politik ist der Ort, wo wir uns ausmachen, wie wir miteinander leben. **Diesen Ort brauchen wir.** Egal ob in Salzburg, Bregenz oder Klagenfurt, ob in Wien, im Waldviertel oder in der Obersteiermark: Sobald Menschen aufeinandertreffen, müssen sie etwas ausverhandeln. Wie tun wir miteinander? Wie organisieren und kultivieren wir das Gemeinsame? Und was überhaupt ist unser Gemeinsames?

Das ist dann Politik, und der kommt keiner aus. Nicht Du, nicht ich, nicht irgendjemand. Man kann sich tot stellen, dann machen halt andere für Dich Politik. Und man wird zum Objekt, zum Spielball.

Es ist ein gutes Land

Österreich ist – noch immer – **eines der lebenswertesten Länder** der Welt. SPÖ und ÖVP sorgten nach dem Zweiten Weltkrieg für Aufbau und Stabilität. Sie bewiesen beim EU-Beitritt Mut und Verantwortung. Diese großen Verdienste wollen wir ihnen nicht vergessen. Heute stehen wir jedoch vor Herausforderungen, denen die verknöcherten Altparteien nicht mehr gewachsen sind.

Ihr Mut ist der Machtgier gewichen. **Es regieren Stillstand, Blockade und strukturelle Korruption.** SPÖ und ÖVP haben es sich gerichtet und als rot-schwarzes Machtkartell das Land untereinander aufgeteilt. Statt der besten Ideen und der besten Köpfe kommen aktuell in Österreich allzu oft jene zum Zug, die sich mit Parteibuch-Logik und Freunderlwirtschaft arrangieren.

Einstürzende Altbauten

Währenddessen läuft die Zeit der Altparteien ab. Sie sind von 93,3 Prozent im Jahr 1975 auf 50,8 Prozent im Jahr 2013 herabgesunken. Und der Verfall geht weiter. Es ist ein langsames Sterben, aber ein gleichsam unaufhaltsames. Gelegentlich habe ich den Eindruck, dass die alteingesessenen Parteien aus der Zeit gefallen sind. Sie laufen mit Pfeil und Bogen in der Hightech-Arena des 21. Jahrhunderts herum und klammern sich an ihre morschen Sessel und

Rituale. **Sie können die Republik nicht mehr alleine schultern.** Dort, wo sie es dennoch zwanghaft versuchen, tut es dem Land und den Menschen nicht (mehr) gut. Und Du hast es als BürgerIn mit einer immens hohen Steuer- und Abgabenquote teuer zu bezahlen.

Aufgrund dieser verkrusteten Klientel- und Hinterzimmerpolitik bleibt Dir persönlich immer weniger Handlungsspielraum. Wir trauen Dir mehr zu! Du sollst mehr Freiheit haben, um selbst über Dein Leben bestimmen zu können. **Ich will, dass DU frei entscheiden kannst,** welche Schule am besten zu den Bedürfnissen Deiner Kinder passt. Ich will, dass **DU** eigeninitiativ mit Deiner Führungskraft ausmachen kannst, ob Du heute mit 13 Stunden Arbeitseinsatz ein Projekt abschließt und dafür morgen Vormittag freinimmst; kein Gesetz soll Dich daran hindern. Ich will, dass **DU** Deine Unternehmensidee verwirklichen kannst, ohne in Bürokratie zu ersticken. **Das ist die *Freie Chancengesellschaft*, die ich meine.**

Auch wenn es Dir die Regierung in vielen Lebensbereichen schwermacht: Du hast auch jetzt Handlungsmöglichkeiten. Du bist nicht ausgeliefert. Darum misch Dich in Deine eigenen Angelegenheiten ein! Gestalte dort mit, wo Du bist. Denn: **Wer sich nicht definiert, wird definiert.** Wer nicht gestaltet, wird gestaltet. Ohne das Aufbegehren der Bürgerinnen und Bürger wird sich nichts zum Positiven ändern.

Die Kraft der selbstbewussten BürgerInnen

Du kannst Teil einer anderen Politik sein: einer Politik, in der freie Bürgerinnen und Bürger die Republik gestalten. Ob lokal, regional, national oder auf europäischer Ebene: **Deine Kraft, Deine Ideen zählen!** Und wenn es Deine derzeitige Lebenssituation nicht zulässt, dass Du Dich zeitlich selbst einbringst, so gibt es mannigfaltige andere Wege für Deine Unterstützung. Ob es das Gespräch am Küchentisch in Deinem unmittelbaren Familienumfeld ist, das Klar-Stellung-Beziehen bei der Firmenfeier, eine finanzielle Unterstützung für innovative politische Kräfte, ein geteiltes Facebook-Posting oder ein kurzer Leserbrief. Die besten individuellen Anknüpfungspunkte finden sich nach meiner Erfahrung stets entlang der Fragen: »**Was kann ich besonders gut? Was mache ich besonders gerne?**« In diesen Bereichen geht dann ein persönlicher Beitrag auch leicht von der Hand und bereitet allen Beteiligten große Freude.

Es muss nicht immer gleich die Großtat sein. »**Done is better than perfect**« ist eine der Regeln von Marc Zuckerberg, dem Facebook-Gründer. Und entlang dieser Richtschnur hat er dann doch Beeindruckendes auf die Beine gestellt. Auch der österreichische Philosoph Karl Popper gab einst den klugen Rat, sich nicht allzu sehr der Sehnsucht nach »großen Würfen« hinzugeben. Popper zufolge geht die offene Gesellschaft in kleinen Schritten, sie produziert »**Stückwerk**«. Also, lass uns in Schritten den Fortschritt gehen! Lass uns großes und großartiges Stückwerk machen!

Als wir unsere BürgerInnenbewegung 2012/13 gründeten, meinten die KommentatorInnen und Fachleute: »Das ist nicht möglich. Ohne fünf Millionen Euro und ohne Promis kann das nicht funktionieren.« Wir hatten zu Beginn kein Geld und keine Promis. Wir sagten: »Wir tun – mit allem, was wir sind, wollen und können!« **So haben wir das Unmögliche geschafft.** Erstmals in der Zweiten Republik zog eine BürgerInnenbewegung beim ersten Anlauf in den Nationalrat ein.

Etwas geht immer. Dranbleiben!

»Und was kannst du jetzt erreichen als kleine Parlamentspartei? Wohl nicht viel!?«, nörgelten sodann die notorischen SkeptikerInnen. Doch **wir haben den Ort »Politik« mit verändert**, bereits in den ersten drei Jahren – zum Positiven, wie ich überzeugt bin.

Wir sprachen schon 2012 vom »neuen Stil«, den Österreich braucht. 2016 hat der neue Bundeskanzler seine Amtszeit unter dieses Motto gestellt. Bereits kurz nach unserem Einzug ins Parlament kam es in der anderen Regierungspartei zu einem Wechsel an der Spitze, um eine Modernisierung der Volkspartei einzuleiten. Ob diese gelingen wird, bleibt offen. Aber ohne uns wäre gar nicht erst versucht worden, dieser Notwendigkeit zu begegnen.

Das allermeiste geht nicht über Nacht. **Es braucht einen langen Atem.** Und es braucht eine Heerschar an DUs. Es braucht eine ganze Armee von Davids (und Esthers, wie es mir nicht nur als Vater von drei Töchtern wichtig ist), um gegen diesen Goliath – dieses verkrustete, selbstzufriedene, alteingesessene Machtkartell – etwas auszurichten. **Deswegen müssen wir viele sein und brauchen beherzte UnterstützerInnen.** Viele Köpfe, Hände und Füße. Wir brauchen Menschen, die sich ihre Freiheit nicht nehmen lassen und die die Grenzen des alten, starren Systems austesten und brüchig machen. Stein für Stein müssen wir aus den Mauern der verkrusteten Machtbastionen herausbrechen. Und mit diesen Steinen bauen wir Neues. Wir müssen dranbleiben. Das haben wir gelernt. Unsere Ungeduld haben wir gebändigt, unsere Entschlossenheit genährt. Etwas geht immer!

So einiges konnten wir für die Menschen und das Land schon in die richtige Richtung lenken. Bei unverschämt hohen Luxuspensionen wurde für die Zukunft ein Deckel eingezogen – immer noch komplett unfair gegenüber den »normalen« Versicherten (ASVG), aber ein erster Schritt. Und die nach unserem Parlamentseinzug beschlossenen Einschnitte bei bestehenden **Luxuspensionen** wurden – entgegen der Propaganda der Privilegierten – nun 2017 vom Verfassungsgerichtshof als zulässig bestätigt. Mit der Unterstützung der Bevölkerung werden wir hier also weitere Schritte setzen können.

Der **Parlamentarische Untersuchungsausschuss** wurde als Minderheitenrecht im Nationalrat verankert, nachdem wir in der Hypo-Causa gemeinsam mit BürgerInneninitiativen, Petitionen und den Medien gewaltig Druck aufgebaut hatten. Bei der behördlichen Einschau in das **Kontoregister** konnten wir durchsetzen, dass dies nur mit richterlicher Anordnung möglich ist. Der Willkür des Schnüffelstaates treten wir entschlossen entgegen. Unser Credo: Nicht Du als BürgerIn sollst gläsern sein, sondern der Staat. Transparenz und Rechtsstaatlichkeit haben Vorrang.

Im Bildungsbereich beginnen die alteingesessenen Parteien, unsere Sprache zu sprechen. Vor drei Jahren war **»Schulautonomie«** für durchschnittliche SPÖVP-FunktionärInnen eher die Besetzung einer Schule durch Autonome als ein Konzept für moderne Schulgestaltung. Heute ist sie laut Regierung »Kern der Bildungsreform«, auch wenn in der Umsetzung noch viele Fragen offen sind und manches unbefriedigend bleibt. Die Richtung stimmt. Unsere Kinder und Enkel sollten bald erste Vorteile davon spüren – beispielsweise die Möglichkeit von **Mehrstufenklassen** in Volksschulen, die bisher nur als Schulversuch möglich waren. Oder die besser organisierte Nahtstelle zwischen Kindergarten und Volksschule, bei der bisher viel **kinderbezogenes Wissen** verloren gegangen ist, weil die PädagogInnen nicht miteinander reden durften. Ein Umstand, der wohl bei allen Eltern nur Kopfschütteln auslöst.

Und ein letztes Erfolgsbeispiel – aus unserem **Schwerpunktbereich Wirtschaft & Unternehmergeist**: Für den durchschnittlichen Sesselkleber des österreichischen Stillstand-Kartells war **»Start-up«** bis vor Kurzem ein Fremdwort der Marke »kenn ma net, brauch ma net«. Doch tägliches Massieren hilft. Plötzlich greift die Regierung die Start-up-Positionen von NEOS auf und setzt Teile davon um. Falls Du eine Unternehmensgründung planst, dann solltest Du erste Erleichterungen spüren.

Treffen auch DICH der Stillstand und die Blockade?

Einiges hat sich also bewegt, doch noch viel mehr steht still. Die notwendige Erneuerung wird vielerorts blockiert. Wir können als Bürgerinnen und Bürger so tun, als würde es uns nicht betreffen. Doch dann belügen wir uns selbst. Auch Du wirst in Deinem Alltag oder in Deinem Umfeld so manches beobachten und Dir sagen: **Da passt etwas nicht. Und es betrifft mich!**

Funktionieren die Kindergärten, Schulen und Hochschulen so, wie man es sich als Bürgerin und Bürger erwarten darf? Nicht allerorts. Warum funktioniert das Lehrlingssystem im Westen Österreichs sehr gut und sandelt umso mehr ab, je weiter wir in der Republik nach Osten kommen? Ist es für Dein Kind von Vorteil, wenn bei der Bestellung von Leitungsfunktionen im Bildungsbereich vielfach immer noch das Parteibuch über Qualifikation und persönliche Aufrichtigkeit gestellt wird?

Ist es fair, wenn manche LandesfürstInnen die Bildungspolitik vor allem als Machtpolitik sehen, um ihren parteipolitischen Einfluss auszuweiten? **Was hat das mit einer *Freien Chancengesellschaft* zu tun? Nichts.** Denn auf die Chancen der jungen Menschen wird hier gepfiffen. Die werden offensichtlich als absolut zweitrangig angesehen. Die Muster struktureller Korruption (etwa Partei-Interventionen bei der Bestellung von Schulleitungen) dienen primär dem Machterhalt. **Und dieser Zustand gehört beendet.**

Ist es in Deinem Sinne, dass wir in Österreich **eine der höchsten Steuer- und Abgabenquoten Europas** haben? Dass uns am Monatsende – vom Großteil der Bevölkerung gleichsam unbemerkt – so viel aus der Geldtasche geräumt wird, dass sich eine Webdesignerin und ein Handelsangestellter, ein Anlagentechniker und eine Lehrerin den Traum vom Kauf eines Eigenheims aus eigener Kraft heute kaum mehr erfüllen können?

Deine Chancen sind nicht ihre Priorität

Fällt Dir etwas auf, wenn Deutschland die niedrigsten Arbeitslosenzahlen seit 25 Jahren präsentiert, während Österreich mit fast einer halben Million Arbeitslosen zu Jahresbeginn 2017 auf dem höchsten Niveau seit 70 Jahren liegt?

Werden sich die Jobaussichten für die Bürgerinnen und Bürger verbessern, wenn der Amtsschimmel bei Unternehmensgründungen, Betriebsanlagengenehmigungen und Kontrollauflagen an jeder Ecke wiehert und mancherorts sogar Schutzgeld verlangt für »wohlwollende Behandlung«? **Ist es für Dich in Ordnung,** wenn sich die Sozialpartner – einst Motor für zeitgemäße Lösungen – in ihren Tintenburgen verschanzen und von dort aus die Blockade betreiben, egal ob in der Frage praxistauglicher Arbeitszeitregelungen oder bei der verunfallten Reform der Gewerbeordnung?

Warum schafft es unsere Regierung nicht, Asylverfahren wie in der Schweiz innerhalb von maximal 180 Tagen zu entscheiden? **Weshalb** hat sie sich gemeinsam mit europäischen Partnern nicht all die letzten Jahre um entschlossene Rückführungsabkommen bemüht, um jene erfolgreich auszuweisen, die einen negativen Asylbescheid haben? **Wie** konnten die EU- bzw. Schengen-Mitgliedsländer auf die Idee kommen, die nationalen Grenzen abzuschaffen, aber die neue gemeinsame Außengrenze nicht gemeinsam zu organisieren und zu überwachen? **Was** hindert die 28 Regierungschefs und -chefinnen daran, zur Gewährleistung unserer Sicherheit und für eine geordnete Migrations- und Asylpolitik bereits nächste Woche 30.000 Grenzschutzkräfte an die EU-Außengrenzen zu schicken? Und **warum** kommt dieser Vorschlag nicht von der österreichischen Regierung?

Warum soll es nicht möglich sein, dass zumindest 90 Prozent der Kinder mit sechs Jahren ordentlich Deutsch können, sodass in all unseren Schulklassen die gemeinsame Unterrichtssprache funktioniert? **Wieso** kommen nicht mehr Kraftanstrengungen in der Schicksalsfrage Integration? **Warum** organisieren wir nicht Werte-Vermittlung und Deutsch ab dem ersten Tag und Zugang zu Arbeit für Asylansuchende nach sechs Monaten? Und **warum** hört niemand den LehrerInnen zu, die sagen, dass die Deutsch-Probleme bei Weitem nicht nur Kinder mit Migrationshintergrund betreffen, sondern auch viele Kinder aus eingesessenen österreichischen Familien? **Was** läuft da falsch mit der Verantwortung von Eltern und in der Entwicklung unserer gesellschaftlichen Systeme?

Zukunftsvergessen, machtversessen

Ist es ein Naturgesetz und in Deinem Interesse oder gar im Interesse Deiner Kinder, dass die österreichische Bundesregierung seit 55 Jahren verlässlich und unaufhörlich jedes Jahr neue Schulden macht? Dieser **Schuldenstand** wird spätestens an dem Tag zum Problem, an dem das Zinsniveau wieder auf jenes Niveau zurückkehrt, wo es vor der Krise 2008 war. Dieser Tag wird kommen. Und dann wird allein der Zinsendienst weit höher sein als die Bundesausgaben für ein Schulsystem mit 1,1 Millionen Schülerinnen und Schülern.

Diese Mittel werden uns dann für **zukunftsgerichtete Investitionen** bitter fehlen. Doch die Bundesregierung und die meisten Landesregierungen machen weiter Schulden, als gäbe es kein Morgen. Sie genehmigen sich fette **Werbebudgets** – in Relation neun Mal höher als beispielsweise die deutsche Bundesregierung – und sie erhöhen sich jährlich die **Parteienförderung**, obwohl diese bereits seit Jahrzehnten die höchste in Europa ist. Zudem schanzen sie sich über parteieigene Unternehmen und Vereine hemmungslos weiteres öffentliches Geld zu. **Die Rechnung zahlst Du.**

Die Sümpfe blühen! Als NEOS als erste politische Kraft die neu eingeführte **Akademieförderung in Wien** zurückwies und damit jährlich auf fast 170.000 Euro an öffentlichen Mitteln verzichtet, gab es nur Häme und Kopfschütteln von SPÖ, FPÖ, Grünen und ÖVP. Warum wir nicht auf die Parteienförderung insgesamt verzichten, meinten sie. Doch klar ist, dass Abrüstung nur im Gleichschritt funktioniert. Wir spielen in der Champions League quasi barfuß oder zumindest nur mit Sandalen. Da wird das Tore-Schießen echt schwierig. Wir schießen sie trotzdem, wenn auch mit Blasen an den Sohlen.

Die **Eintrittsbarrieren für neue Parteien sind in Österreich** – durch formale und informelle Strukturen bzw. Barrieren – **immens hoch.** Deswegen verwundert es nicht, dass es von den über 1.000 Parteigründungen seit 1975 nicht einmal ein Prozent in den Nationalrat geschafft hat. **Den etablierten Kräften passt das sehr.** Sie wollen unter sich bleiben. BürgerInnen wie Du sollen sie nicht allzu sehr behelligen in ihrem Tun und Lassen. Deswegen haben sie nun auch im Parlament beschlossen, dass man zwar Volksbegehren zukünftig auf Basis des zentralen Melderegisters ortsunabhängig unterzeichnen darf, aber für die **Unterstützung der Kandidatur einer neuen Partei** musst Du weiter aufs Wohnort-Gemeindeamt, damit die ortsansässige Macht den Überblick behält. Dort wirst Du mitunter dann mit seltsamen Ansagen empfangen: »Ach, nimm den Zettel wieder mit, den besprechen wir dann am besten bei der Bauverhandlung nächste Woche.« Oder »Sind Sie nicht der Großvater von der Emma, die noch einen Kindergartenplatz braucht?«

Du zahlst, während sie raffen

Eine neue politische Kraft muss jeden Wahlkampf ausschließlich über Spenden und Darlehen finanzieren. So hatte unsere Bewegung zuletzt beispielsweise für die Landtagswahlen in der Steiermark weniger finanzielle Ressourcen zur Verfügung als die Kommunisten. Da ging sich nicht einmal ein Plakat in jeder Gemeinde aus. Es gefällt den Altparteien freilich, wie sich hier die Neuen abmühen müssen, während sie raffen, was geht. Es wird kolportiert, dass die ÖVP unmittelbar vor Inkrafttreten strengerer Transparenzregeln nach einer Gesetzesnovelle 2012 noch über Nacht um einige Millionen Euro entschuldet wurde. Bis heute weigert sie sich, offenzulegen, in welcher Höhe die Entschuldung stattfand und woher das Geld kam. Wer verschenkt Millionen? Was war wohl das Gegengeschäft? Und glaubst Du, dass dieses in Deinem Interesse und zu Deinem Nutzen war?

Es herrscht das Motto: Nur keinen Genierer. A bissi was geht noch. Dass die SteuerzahlerInnen die Rechnung übernehmen müssen, ist den Machtversessenen egal. Und diese unverschämte Praxis bleibt auch in Zeiten stagnierender oder gar sinkender Reallöhne aufrecht. **Ist das ein fairer Deal für Dich?**

Der Schuldenstand der Republik Österreich hat sich in den letzten acht Jahren um über 60 Prozent erhöht. Die Stadt Wien – bekannt für die höchste Parteienförderung innerhalb Österreichs und für das Aufrechterhalten von Pensionsprivilegien für Beamtinnen und Beamte bis ins Jahr 2042 – hat ihre Schulden (inklusive der ausgegliederten Bereiche) in den letzten sieben Jahren verdreifacht.

Dass es auch anders geht, zeigen die Schweiz, Deutschland oder Schweden. Sie schaffen immer wieder **ausgeglichene Budgets** oder mitunter sogar **Budgetüberschüsse**, um sich für schlechte Zeiten zu wappnen oder zumindest den Schuldenberg auf ein Maß zu reduzieren, das der nächsten Generation zumutbar ist. Wir dürfen unseren Kindern nicht so viele Steine in den Rucksack legen, dass sie gar nicht mehr aufstehen können.

Das große, gemeinsame Ganze aus den Augen verloren

Um zu einem ausgeglichenen Budget zu gelangen, braucht es Reformen. **Was sich nicht erneuert, stirbt.** Und weil man auch das nicht zulässt, wird es teuer; sehr teuer – so wie unser **Spendierföderalismus**, bei dem LandesfürstInnen hemmungslos Geld ausgeben, aber nicht bereit sind, im Rahmen von Steuerautonomie auch die Verantwortung für die Einnahmen zu übernehmen, wie das etwa in der Schweiz der Fall ist. Auch das Befüllen der gesetzlich verankerten Transparenzdatenbank wird von den Landeshauptleuten seit Jahren verschleppt. **FürstInnen der Finsternis** – kein Tageslicht soll sie bei der Anfütterung ihrer Klientelkreise stören. Dabei wäre Sonnenlicht das beste Desinfektionsmittel gegen diese Praktiken struktureller Korruption.

Bei all diesen Missständen, da braucht es DICH! Beherzte Bürgerinnen und Bürger, die diesen Machenschaften die Stirn bieten. Leute, die aufstehen und laut sagen: Das ist nicht in Ordnung! Nicht mit mir! Und Leute, die sagen: Lasst mich in Ruhe leben. Aber solche Packeleien trage ich nicht mit. Nicht in meinem Namen!

Denn es ist beispielsweise nicht im Sinne der Bürgerinnen und Bürger, wenn ein Landeshauptmann im Landtag zum Thema Finanzausgleich stolz resümiert, dass zwar keine Reformen gelungen seien, aber darum ginge es auch nicht. Sondern es ginge nur um den Vorteil für die eigene kleine Einheit, für sein Bundesland.

Österreich krankt daran, dass die alten Strukturen zu rücksichtslosen Lobbygruppen für Einzelinteressen und Besitzstandswahrung zerfallen, die das gemeinsame Ganze aus den Augen verloren haben. Diese Strukturen waren einst sinn- und verdienstvoll. Heute wirken sie wie aus der Zeit gefallen: hilflos, abgehoben, ignorant. Umso zwanghafter klammern sie sich an den Machterhalt. Und sie nähren sich davon, dass sie den Handlungsspielraum für Dich als BürgerIn kleiner machen – in Deiner Geldbörse, am Arbeitsmarkt oder im Verordnungsdschungel. **Die verkrusteten Strukturen sind der natürliche Feind der *Freien Chancengesellschaft*.** Sie saugen. Sie sind gierige Energie- und Chancen-Vampire.

Hast Du eine Vision?

Hast Du einen Traum? Ist es der von einem starken, selbstbewussten, weltoffenen Österreich im Herzen Europas? Eine Vision? Von einem **Land im Wohlstand**, von einer **Zukunft in Sicherheit**, vom guten Leben in Freiheit und mit aufrechtem Gang?

Willst Du mitarbeiten an Lösungen im Kampf gegen die höchste Arbeitslosigkeit seit den Fünfzigerjahren? Willst Du den parteipolitischen und bürokratischen Filz mit zurückdrängen? Willst Du die hemmungslose Steuergeldverschwendung, allerorts, wo wir sie festmachen können, mit abstellen?

Tausende wie Du haben Ja gesagt. Auf unterschiedlichste Art und Weise, mit höchst individuellen Beiträgen – von inhaltlicher Mitarbeit, persönlichen Briefen, Zeichnungen, Gedichten und finanzieller Unterstützung über Sachspenden, E-Mails an Verwandte und Bekannte, Likes und Weiterleitungen auf sozialen Medien bis hin zu Worten des Dankes und der Ermutigung in schwierigen Zeiten: Millionen von ehrenamtlichen Stunden haben Bürgerinnen und Bürger mittlerweile in unsere Bewegung für Erneuerung investiert. So wie am ersten Tag sind wir davon überzeugt: **Österreich geht anders! Besser.**

Das Abenteuer Deines Lebens

Es braucht umfassende Revitalisierung und Neugestaltung in vielen Bereichen. Deswegen ist unser Ziel und unser Anspruch: **eine breite Erneuerungsbewegung, eine Million pinke Erneuerer und Erneuerinnen in Österreich bis 2030!** Wir werden Schritt für Schritt zu einer prägenden politischen Kraft dieses Landes.

Alle Bürgerinnen und Bürger haben die Möglichkeit, an der Reform von Staat und Gesellschaft mitzuwirken. Das ist auch Arbeit. Harte Arbeit. Die guten Lösungen ergeben sich nicht von selbst. **Ja, Demokratie ist anstrengend.**

Du bist gefordert: Einmal in fünf Jahren eine Stimme abzugeben, das reicht nicht, um das versteinerte System aufzubrechen. In Internetforen oder auf Leserbriefseiten destruktiv herumzutrollen wäre dumpf. Sich dort kritisch und lösungsorientiert einzubringen wäre beispielsweise **ein erster konstruktiver Schritt.**

Und die Königsklasse ist, konkret mit anzupacken – egal ob bei der Erarbeitung von inhaltlichen Positionen, bei der Umsetzung von konkreten **Hilfsprojekten** (etwa einer Weihnachtsaktion für benachteiligte Kinder in Salzburg), ob als **MandatarIn auf Gemeindeebene** (im Ringen um Finanztransparenz in Feldkirch, Spittal an der Drau, Hartberg oder Asten), bei **Straßenaktionen** oder **Hausbesuchen** (z. B. im Kampf gegen überhöhte Rundfunkgebühren oder für die Abschaffung der schleichenden Steuererhöhung) oder bei **Veranstaltungen** in unserer Forschungs- und Entwicklungsabteilung, dem NEOS Lab.

Ich habe in den letzten Jahren viele sprühende Geister kennengelernt und viele Augen leuchten gesehen. Ich habe Eltern erlebt, die mir berichteten, dass das politische Engagement »das positivste Erweckungserlebnis des Jahres« für ihren **Teenager** war. Ich habe **Mütter** gesehen, die ihre Wut in Mut gewandelt haben und, vom Geist unserer Bewegung beflügelt, Vereine zur Förderung von Talenten gründeten. Ich erlebe **MitarbeiterInnen** der ersten Stunde, die die Vision unserer Bewegung beherzt in ein Sozialunternehmen gießen und für mehr Chancengerechtigkeit für Kinder aus bildungsfernen Schichten sorgen. Es gibt zahlreiche **JungunternehmerInnen**, die, von unserer Zuversicht und Tatkraft angesteckt, mit ihren Ideen gesellschaftlichen Nutzen stiften, Arbeitsplätze schaffen und so frohgemut ihr Leben auf eigene Beine stellen. Ich habe **SeniorInnen** erlebt, die mit großer Begeisterung all ihre Lebenserfahrung einbringen und so unsere Ideen mit unter die Menschen tragen. Sie berichten dabei von einem »Höchstmaß an Sinnstiftung«.

Wenn Dich die Lust packt

Ja, Politik kann und soll lustvoll sein. Sie ist – vielleicht auch für Dich? – das größte Abenteuer jenseits eines Dschungelbesuchs. Sie ist gleichsam ein Dschungel, voller Lebendigkeit und hinter jedem Baum eine Überraschung. Natürlich gibt es auch Fallstricke und Abgründe. **Es ist eben das pralle Leben.**

Schon Platon meinte, dass die Lust dem Menschen dann angemessen sei, wenn sie sich auf hohe ethische Werte oder auf ein vernünftiges oder sittlich hochstehendes Ziel richtet. Sie sei heilsam für die innere Gesundheit, weil sie das innere Gleichgewicht stütze. Aristoteles ging sogar so weit, Lust als Bestandteil einer vollkommenen Tätigkeit zu definieren.

Politik kann freilich auch Droge sein, die abhängig macht. Das ist dann zweifelsohne problematisch. Meist geht es in diesen Fällen um das Organisieren von Anerkennung, eine Art sekundäre Liebe. Oder um ein Einkommens- oder Karrierekalkül. Berufsüberlegungen sind legitim, aber sie sind für mich kein ausreichendes Kriterium für ein aufrichtiges Engagement in der Politik. **Denn Politik bedeutet Dienen. Und das kommt für mich klar vor dem Verdienen.**

Ich bin für Politik als »Flow« statt als Droge. **Wenn wir vollkommen in einer Tätigkeit aufgehen, erfahren wir Lust.** Sie begleitet dann unser Tun. Wenn man sich so der Politik widmet, hat sie hohes Potenzial für persönliche Erfüllung. Gutes für sich, für andere und mit anderen zu tun, das erzeugt Sinn und innere Zufriedenheit. Das Bewältigen von selbst gesetzten Zielen und selbst gestellten Herausforderungen macht glücklich. Ich habe es gesehen – tausendfach, die letzten Jahre. Ist das nicht eine verlockende Aussicht?

Auf zur Selbstermächtigung!

Verantwortung heißt zuallererst Eigenverantwortung: die Selbstermächtigung des Menschen, das Zurückweisen von Bevormundung, der selbstbewusste, aufrechte Gang durchs Leben. Stets in Verbundenheit mit anderen. Die ***Freie Chancengesellschaft*** ist nicht immer harmonisch, nicht immer widerspruchsfrei, in ihr fügt sich nicht alles scheinbar ins andere. Wir müssen als Bürgerinnen und Bürger auch etwas aushalten. Und wir dürfen und müssen uns einander auch **zu-muten** – im besten Sinne des Wortes.

Aus der **Freiheit zur Selbstbestimmung** erwächst die Verantwortung, sich nicht gegeneinander ausspielen zu lassen, wie neonationalistische und populistische Kräfte es versuchen. Denn: **Gesellschaft braucht Zusammenhalt** und einen friedlichen Wettbewerb der Ideen, Toleranz, Solidarität und einen wertschätzenden Umgang miteinander. Das erfordert die Auseinandersetzung mit Andersgesinnten, ob online oder offline, selbst wenn das manchmal eine Überwindung darstellt. Und es braucht den Willen, auch in schwierigen Zeiten nach gemeinsamen Lösungen zu suchen, in Österreich ebenso wie in Europa.

Was kannst Du von uns erwarten?

Wir NEOS sind eine **BürgerInnenbewegung**, die gekommen ist, **um Österreich zu verändern**. Gemeinsam befreien wir unser Land von den Fesseln alter, dysfunktionaler Machtstrukturen. Lebensqualität und Wohlstand für alle entstehen dort, wo Menschen miteinander die Dinge ergebnisorientiert in die Hand nehmen und gemeinsam um faire Lösungen ringen. Dabei erweisen sich die Antworten von gestern für die Bewältigung der Herausforderungen von heute und morgen oft als unzulänglich. Die Welt dreht sich weiter, und was gestern stimmig war, ist es mitunter heute oder morgen nicht mehr.

Politik ist für uns die Kunst des Möglichen. Wir versprechen Dir kein Utopia, sondern setzen uns für vernünftige und realistische Lösungen zum Wohle der Bürgerinnen und Bürger ein. Wir werden kluge Ideen immer unterstützen – auch wenn sie von anderen politischen Kräften stammen. Am liebsten, wenn sie von BürgerInnen wie Dir kommen, die mit beiden Beinen im Leben stehen.

Wir sind den Prinzipien der Einbindung, Evidenz-Orientierung und Wertschätzung verpflichtet. Gleichermaßen stehen wir auf politisches Leadership. Das heißt, dass wir mitunter auch Unpopuläres vertreten. Das Neue ist anfangs oft ungewohnt und braucht entschlossene FürsprecherInnen. Diese wollen wir sein. Und wir gehen nicht immer den einfachsten Weg. So teilen wir das Geld nicht mit beiden Händen aus, schließlich fällt es nicht vom Himmel, sondern wird von SteuerzahlerInnen wie Dir hart erarbeitet. Auch sind wir nicht bereit, das Budget der Republik weiter auf Pump zu finanzieren. Das ist nach über einem halben Jahrhundert stets steigender Staatsverschuldung verantwortungslos gegenüber unseren Kindern. All das erfordert frische Ideen, Ehrlichkeit und Mut.

Ganz oben auf der Liste unserer Erneuerungs- und Gestaltungsvorhaben stehen eine **Bildungswende als Chancenmotor** für Land und Menschen, mehr Unternehmergeist und gute Jobs, enkelfitte Sozial- und Gesundheitssysteme, geregelter Zuzug und gelingende Integration, moderne Verwaltungsstrukturen und mehr Mitbestimmung sowie Entschlossenheit für ein gemeinsames Europa. Im dritten Abschnitt des Buches kochen wir diese Themen dann hart; da wird es konkret.

In unserer ***Freien Chancengesellschaft*** bleibt den BürgerInnen mehr Luft. **Deine Chancen wachsen.** Du hast mehr Freiraum, um Dich in demokratische Entscheidungsfindungen einzubringen und selbstbestimmt persönliche Entscheidungen zu treffen, Eigentum zu schaffen, Deine Talente, Deine Tatkraft und Deinen Unternehmergeist zu entfalten. Und von den letzten drei schlummert in allen von uns viel; in unterschiedlichster Ausprägung und in Fülle. Davon bin ich überzeugt.

Wir NEOS handeln als liberale Bewegung wertebasiert, aber frei von ideologischen Zwängen oder Abhängigkeiten. Wir lassen jene fruchtlosen ideologischen Schattenkämpfe, die so oft den politischen Alltag prägen, hinter uns. Wir wollen etwas bewegen – pragmatisch und zielorientiert. Bei der Suche nach der besten Lösung sind wir offen für Vorschläge von allen Seiten. Als VermittlerInnen lösen wir Blockaden und schmieden Allianzen mit all jenen, die Österreich auf Basis unserer gemeinsamen Werte erneuern möchten. Diese Werte lauten: **Freiheitsliebe, Eigenverantwortung und Nachhaltigkeit**.

Was kannst Du mit bewirken?

Alles, was wir bis jetzt geschafft haben, ist aus der Kraft von Bürgerinnen und Bürgern wie Dir gewachsen. In unsere »Pläne für ein Neues Österreich« haben wir bislang über 1,6 Millionen ehrenamtliche Stunden investiert. **Bei uns gibt es nicht einen Parteitag jedes dritte Jahr, sondern mehrere Mitgliederversammlungen jährlich.** Dort sind auch Nichtmitglieder herzlich eingeladen, mitzudiskutieren. Im Vorfeld arbeiten Themennetzwerke und sogenannte Taskforces die inhaltlichen Vorschläge aus und diskutieren sie mit allen Interessierten in der digitalen Themenschmiede. In einer prallen Paarung von **Idealismus und Professionalität** kombinieren wir mannigfaltige Online- und Offlineprozesse, um unsere politischen Positionen zu entwickeln und festzulegen. Von **Barcamps** – bei denen wir mit Betroffenen und Interessierten direkt Anträge für den Nationalrat schreiben oder gemeinsam an parlamentarischen Anfragen arbeiten – über **Townhall Meetings** und **BürgerInnenforen** bis hin zu **NEOS@ Home-Abenden** und klassischen **Podiumsdiskussionen** haben wir ein breites Set an Formaten der Partizipation kultiviert. Bei der Listenerstellung für Wahlen beziehen wir in **öffentlichen Vorwahlen** alle interessierten Bürgerinnen und Bürger mit ein. Sie haben mit dem Online-BürgerInnenvotum ein Drittel der Definitionsmacht bei der Erstellung unserer Personalvorschläge für Wahlen. Täglich diskutieren die 900 aktivsten Leute in einem internen Facebook-Forum die laufenden Herausforderungen und Entwicklungen. Auch hier sind wir für Nichtmitglieder offen.

Natürlich sind auch wir nicht perfekt: Unsere Bewegung ist noch jung und unsere organisatorischen Strukturen sind noch im Wachsen. Das bedeutet, dass uns die Kleider von gestern oft morgen nicht mehr passen. Deswegen schneidern wir permanent nach – in Maßanfertigung. Auch das ist eine großartige Chance: Du kannst aktiv mitgestalten beim spannendsten und am schnellsten wachsenden Politik-Start-up Österreichs und dabei einen nachhaltigen Betrag dazu leisten, für unser Land und seine BürgerInnen ein **gutes, lebenswertes Umfeld** zu schaffen.

Klar, im Moment ist unsere Bewegung noch zumeist in Opposition, sowohl im Nationalrat als auch in den Landtagen, in die wir bisher gewählt wurden (Wien, Vorarlberg). Doch wir sammeln bereits erste Erfahrung in Regierungsverantwortung – zum Beispiel in Salzburg Stadt oder in Baden bei Wien. Und eines ist klar: Das politische Machtsystem, das unser Land seit 1945 zuerst aufgebaut, dann getragen, in den letzten Jahren aber immer mehr gelähmt und geschwächt hat, ist am Ende. **Das Alte liegt im Sterben. Das Neue ist noch nicht ganz da. Wir sind Teil des Neuen!**

Stimm DU mit ein!

NEOS wurde von engagierten Bürgerinnen und Bürgern gegründet, die mitten im Leben stehen – als Selbstständige, Studierende, Lehrlinge, ArbeiterInnen, Angestellte, UnternehmerInnen, SchülerInnen, PensionistInnen, Mütter, Väter ... Unsere junge Bewegung hat mittlerweile Mandatarinnen und Mandatare in Dutzenden Gemeinden in sieben Bundesländern, in zwei Landtagen, im Nationalrat und im Europaparlament. Trotzdem ist die Zahl der »Vollzeit-PolitikerInnen« weiterhin klein. Jene, die ihren Beruf ganz für ihr politisches Engagement zurückgestellt haben, sehen das als **Aufgabe für einen Lebensabschnitt**. Wir haben neben breiten, offenen Vorwahlen zur Listenerstellung auch Amtszeitbeschränkungen für die Mitwirkung in der Gesetzgebung und in Regierungsfunktionen sowie die völlige Offenlegung all unserer

Einnahmen und Ausgaben in unseren Statuten festgeschrieben. **Das erdet uns und hält uns sowohl frisch als auch unabhängig!**

Um für ein neues Österreich und gegen das alte Machtsystem aufzustehen, muss man nicht NEOS-Mitglied werden – auch das gehört zu unserer Freiheitsliebe. Unsere Einladung, die Dinge selbst in die Hand zu nehmen, um Österreich zu erneuern, gilt für alle, die auf Basis unserer Werte mit anpacken oder einfach ideell oder finanziell unterstützen wollen.

Sei Du ein politischer Unternehmer, eine politische Unternehmerin, keine Unterlasserin! Die Welt zum Positiven geändert haben stets die Neugierigen, die Wagemutigen, die NichtaufgeberInnen. Nicht die Nörglerinnen, Zauderer, Zynikerinnen oder Ignoranten – sondern jene, die wissen und erleben wollen, wie es anders gehen kann. Besser.

Politik kann anders sein, als wir sie derzeit erleben. Du hast es mit in der Hand. **»Sei Du selbst die Veränderung, die Du Dir wünschst für diese Welt«,** sagte Mahatma Gandhi.

Schaff Du mit uns Chancen! Bau mit uns gemeinsam die ***Freie Chancengesellschaft***. Und nutze Deine Chancen! Denn wie wusste Mark Twain: »In 20 Jahren wirst Du mehr enttäuscht sein über die Dinge, die Du nicht getan hast, als über die Dinge, die Du getan hast. Also löse die Knoten, laufe aus dem sicheren Hafen aus!«

Unsere Bewegung macht Deine Stimme laut hörbar und vereint sie mit anderen zu einem Chor der Mutigen und Freiheitsliebenden.

Bist Du dabei?

POLITIK DIE UMSETZT
VERANDERUNG
BILDUNG ENTFESSELN
WIR SIND EUROPA
EUROPA WIR LIEBEN DICH

Reform braucht Bewgung!
ANPACKEN UND UMSETZEN
DAS VOLK
ZEIT FÜR WAS
Verwaltung
neos.eu

LIBRO
neos

WIR gemeinsam

Du bist noch da? Sehr gut! Das kann was werden. Schauen wir uns an, wo wir für eine **Freie Chancengesellschaft** am dringlichsten hingreifen müssen. Was wollen wir gemeinsam mit Dir erneuern und gestalten, damit die Freiheit und die Chancen in Österreich wachsen?

»Der eine wartet, bis die Zeit sich wandelt, der andere packt sie an und handelt.« Dante Alighieri

Der Sinn des Lebens ist das Leben. Die Entfaltung. Alles Leben strebt nach Entwicklung. »**Flügel heben!**« – das ist mein Traum, meine Vision. Wir Menschen sind frei und gleich an Würde geboren; das funktioniert in Österreich weitestgehend. Und dann geht es darum, dass wir uns in unserer Einzigartigkeit entfalten. In Freiheit und Verbundenheit. Die Aufgabe der Politik ist es, dafür die Chancen wachsen zu lassen – breitflächig und gerecht. Jede und jeder von uns kann etwas; und jede und jeder kann in unserer Gesellschaft Positives beitragen. Das ist der Kern der ***Freien Chancengesellschaft***: Lasst uns **GROSS vom Menschen denken** – von seiner Würde, von seinem schöpferischen Wesen, von seiner Tatkraft.

Wer in der Politik nur Probleme aufbläst, aber keine tragfähigen Lösungen anbietet, ist ein scheußlicher Populist oder eine scheußliche Populistin. Und wer Probleme totschweigt und keine Lösungen formuliert, ist öde und seichter Komplize der Populistin. In meiner Überzeugung geht es darum,

- eine klare Vision, ein Leitbild zu haben,
- Probleme und Herausforderungen zu benennen und
- konkrete Lösungsvorschläge zu formulieren.

Und dann geht's um
- klare Entscheidungen und
- gute Umsetzungen.

Als Oppositionskraft ist man **in Österreich** leider auf die ersten drei Stufen reduziert. Mein Vorschlag – so wie etwa in skandinavischen Ländern üblich – auch die Oppositionskräfte mittels Arbeitsübereinkommen ernsthaft in die Detailarbeit der Gesetzgebung und damit breit in die politische Verantwortung einzubinden, wird hierzulande von SPÖVP zurückgewiesen. Ich habe den Eindruck, das erfolgt nicht aus grundsätzlichem Unwillen, sondern weil sie es einfach nicht schaffen. **Die zwei ehemaligen Großparteien sind schon mit sich selbst und der Sozialpartnerschaft sowie der Landeshauptleutekonferenz als Schattenregierungen ziemlich überfordert. Die Oppositionskräfte mit einzubeziehen wäre too much für sie.** Für diesen jähen Musterbruch fehlt ihnen nach mehr als 70 Jahren dichotomer Machtaufteilung die Kraft und Kapazität. Um eine solche Veränderung zu hebeln, braucht es massive Schocks von außen. Auch dafür ist unsere BürgerInnenbewegung gegründet: Der Verlust der absoluten Mehrheit für das rot-schwarze Machtkartell wäre ein heilsamer Schock für Österreich. Plötzlich kämen die Dinge in Fluss.

Die Gesetzgebung ist über all die Jahrzehnte wesentlich von den Sozialpartnern und der Ministerialbürokratie vorangetrieben worden. **Das Parlament ist in Österreich noch nie in seiner vollen Kraft gewesen.** Ideen und Anträge der Oppositionsfraktionen werden im Nationalrat von SPÖVP traditionell mit einer Vertagung in den Fachausschüssen »verlocht«. Man nennt es zynisch »Begräbnis erster Klasse«. Damit müssen das Problem und der Lösungsansatz auch nicht mehr öffentlich im Plenum des Nationalrats verhandelt werden. Beide werden ignoriert – auf Nimmerwiedersehen.

Österreich hat kein modernes Arbeitsparlament. Aber – dessen bin ich mir sicher – wir werden eines bekommen. Das werden wir durchsetzen. Wir sind faktisch schon auf dem Weg dorthin. Wenn die rot-schwarze Absolute bricht, dann bricht auch die hybrid-überzogene Rolle der Sozialpartnerschaft in Österreich. Schon heute haben vier von sechs Parlamentsfraktionen keine maßgebliche Verankerung in den Sozialpartner-Institutionen – sie können sich weder freihändig ihrer als Braintrust bedienen, noch können sie von ihnen machtpolitisch erpresst werden, wie es im Falle von SPÖ und ÖVP regelmäßig der Fall ist. Daher steht für mich außer Zweifel: **Die Rolle der Sozialpartner wird sich wandeln müssen. Sie müssen raus aus ihrer rein machtorientierten, strukturkonservierenden Rolle und in ein neues, zeitgemäßes Gestaltungsverständnis kommen.** Und sie müssen sich von der rot-schwarzen Allmachtsfantasie und ihrer Rolle als Schattenregierung emanzipieren. Dann können die Sozialpartner für Österreich auch wieder mehr Positives bedeuten.

Zurück zu dem, was wir gemeinsam in und mit Österreich vorhaben: Im Idealfall trifft politisches Leadership auf Managementqualität. Wie Peter Ferdinand Drucker, der US-amerikanische Ökonom österreichischer Herkunft, treffend meinte: »**Management is doing things right; leadership is doing the right things.**« Die richtigen Dinge tun; und die Dinge richtig tun. Wobei diese Reihenfolge hier wichtig ist. Jedem und jeder von uns fallen wohl Beispiele ein, wo wir zugestehen müssen: Die Person macht das – rein »handwerklich« betrachtet – beeindruckend gut. Aber leider macht sie die falschen Dinge.

Jörg Haider war zum Teil so einer. Und es gibt solche Fälle auch heute zahlreich – in Österreich und international. Das Wie ist wichtig, aber davor ist das Was bzw. Wohin entscheidend.

Auf den folgenden Seiten habe ich **Themenbereiche und Ideen** zusammengestellt, **die uns für Österreich wichtig sind**. Welche Veränderungen sind essenziell auf dem Weg zu einer ***Freien Chancengesellschaft***? Im Rahmen dieses kleinen Buches können dies nur Leuchtfeuer der Orientierung sein. Ausführliche »Pläne für ein Neues Österreich« und detaillierte Lösungskonzepte unserer Bewegung finden sich auf unserer Website **www.neos.eu**.

Die Auswahl hier soll veranschaulichen, wie ich mir konkrete Politik vorstelle und was wir in unserer politischen Arbeit als BürgerInnenbewegung und Parlamentskraft in den nächsten Jahren umsetzen wollen. **Diese Vorschläge sind hoffentlich ein passendes Entrée, um tieferes Interesse oder gar Lust auf Mitarbeit zu wecken.**

DIE BILDUNGSWENDE ALS CHANCENMOTOR FÜR LAND UND MENSCHEN

Unsere Vision Österreich ist Weltspitze im »Flügel heben«! Es gibt einen breiten gesellschaftlichen Konsens: Wissen und Können sind unser größtes Kapital – als Individuum, als Gesellschaft und als Volkswirtschaft. Unsere Kinder und Jugendlichen sowie die Erwachsenen entfalten lebenslang breitestmöglich ihre Potenziale. Die Talente blühen.

Bildung ist der wichtigste Schlüssel zur Selbstermächtigung des Menschen. Das Bildungswesen ist geprägt von einer Zuwendung zu den Potenzialen. Nicht die Konzentration auf Defizite, sondern die Entfaltung der Persönlichkeit und ihrer Stärken steht im Mittelpunkt der Bestrebungen.

Bildung stärkt das Potenzial in jedem und in jeder von uns, mit Verstand und Tatkraft das eigene Leben zu gestalten und das Leben anderer Menschen zu bereichern. Unsere Gesellschaft als Ganzes und die Verantwortung tragenden PolitikerInnen haben erkannt: Gute Bildungspolitik ist die beste Sozialpolitik, die beste Arbeitsmarktpolitik, die beste Wirtschaftspolitik, die beste Innovationspolitik, die beste Gesundheitspolitik.

Probleme und Herausforderungen Ideologische Verhärtungen sowie partei- und machtpolitische Interessen blockieren eine Erneuerung des Bildungssystems in vielen Bereichen. Der fruchtlose Kampf um die Gesamtschule dauert – seit Otto Glöckel – nun bereits hundert Jahre an, andere Baustellen werden weitläufig ignoriert. Die PISA-Ergebnisse verorten Österreich im (schlechten)

Mittelfeld und zeigen auf, dass rund ein Viertel der Jugendlichen die Schule mit groben Problemen in elementaren Kulturtechniken (Lesen, Rechnen, Schreiben) verlässt. Was früh versäumt wird, lässt sich kaum mehr aufholen. Die Elementarpädagogik wird in Österreich immer noch stiefmütterlich behandelt (»Für die Kleinen musst du nicht viel können.«), die Schulverwaltung ist zu träge und kostenintensiv, und das Parteibuch bleibt vorerst weiterhin das wichtigste Buch der österreichischen Schule.

Die duale Lehrlingsausbildung ist ein Glücksfall, aber in Sachen Qualitätssicherung und Modernisierung im Würgegriff der einander blockierenden Sozialpartner. Die Hochschulen sind in den meisten Bereichen von der internationalen Spitze abgehängt.

Auf wesentliche Herausforderungen unserer Zeit findet das Bildungssystem nur sehr schleppend Antworten. Während Jugendliche mit 15 durchschnittlich bis zu sechs Stunden täglich am Smartphone verbringen, diskutiert die Bundesregierung WLAN-Zugang für alle Schulen ab 2021. Die Digitalisierung ist längst in den Kinderzimmern angekommen; jedoch nicht in den Klassenzimmern.

Unsere drei wichtigsten Maßnahmenbereiche

1. **Die Kleinen und die Großen in den Fokus:** Volle Aufmerksamkeit für die Kleinen! Einheitliche Qualitätsstandards für Kinderkrippen und Kindergärten beenden das aktuelle Kompetenzwirrwarr. Je kleiner das Kind, umso kleiner die Gruppe und der Betreuungsschlüssel (Krabbelstuben 1:3, Kinderkrippen 1:5, Kindergarten 1:8). Der Anteil an Fachpersonal wird erhöht. Die Jahresschließzeiten liegen bei maxi-

mal 25 Werktagen. Ausbildung, Dienstrecht und Besoldung heben wir auf das Niveau anderer PädagogInnen. Die zusätzlich benötigten Mittel holen wir aus Reformen, die wir – von externen ExpertInnen nachgerechnet – in unserem Steuerreformkonzept vorgelegt haben. So, wie wir den »Kleinen« in Bildungsfragen mehr Aufmerksamkeit schenken sollten, so sollten wir es auch bei den »Großen« halten. Bildung ist ein lebenslanger Prozess. Wenn wir in den kommenden Jahrzehnten im Schnitt voraussichtlich alle drei Jahre unseren Job und dabei mitunter unseren Tätigkeitsbereich wechseln, so wird Bildung zum lebenslangen Schlüssel für Beschäftigungsfähigkeit und berufliches Glück. Ich möchte daher ein Bildungskonto für Erwachsene einführen, auf das jeder und jede persönlich und das Unternehmen als Arbeitgeber einzahlen können. Der Bund steigt bis zu einer Summe von 5.000 Euro pro fünf Jahre als Co-Investor ein, um so zu einem individuellen Budget für lebenslanges Lernen zu kommen. Ein Win-Win-Win-Ansatz – von dieser Investition und Weiterentwicklung profitieren Du als Person, Dein Unternehmen und der Staat als gesellschaftliches Ganzes.

2. **Volle Schulautonomie bringt beste Bildungschancen:** Wer mündige LehrerInnen und SchülerInnen haben will, braucht mündige Schulen. Parteibuchwirtschaft und bürokratische Gängelung raus, Autonomie rein! Die volle (!) personelle, finanzielle und pädagogische Autonomie macht die Schule zu einem Ort der Lebendigkeit. SchulleiterInnen werden als Führungskräfte ausgebildet, vom Schulgemeinschaftsausschuss und dem Schulträger auf Zeit bestellt und tragen volle Personalverantwortung. Das LehrerInnendienstrecht weicht

einem Rahmenkollektivvertrag; Kündigungen sind im Notfall möglich. Die Einführung der mittleren Reife mit 15 markiert ein gemeinsames Ziel und die Schulen gehen in Freiheit und Verantwortung vielfältige Wege dorthin. Dies bringt auch das Ende der dumpfen Zweiteilung unserer Kinder mit zehn Jahren in allgemeinbildende höhere Schulen (AHS) und Neue Mittelschule (NMS). Die Mittelschulen sind zukünftig so vielfältig wie das echte Leben. AHS- und NMS-Standorte können ihre gute Arbeit dort fortsetzen, wo sie diese heute schon leisten. Wettbewerb und – auch budgetär stimulierte – Kooperation bringen breitflächige Erneuerung ins System. Der Bund übernimmt die Aufgabe der Qualitätssicherung. Das Motto »freie Schulwahl ohne Schulgeld« öffnet den Eltern und SchülerInnen auch den Weg in Privatschulen, die wie die staatlichen Schulen eine Pro-Kopf-Budgetierung erhalten und – so sie diese öffentliche Finanzierung wählen – kein Schulgeld mehr verlangen dürfen. Sie sind auch hinsichtlich Zielvorgaben (mittlere Reife) und Qualitätskontrolle staatlichen Schulen gleichgestellt. Ein Chancen-Bonus – ergänzend zur Pro-Kopf-Finanzierung – bringt frische und mehr finanzielle Mittel in Schulen, die mehr sozial benachteiligte Kinder und Jugendliche aufnehmen. Als Anknüpfungskriterium dient wie in den Niederlanden der Bildungsabschluss der Eltern. So gewährleisten wir mehr Chancengerechtigkeit und hebeln soziale Durchmischung. Insgesamt bekommen engagierte Schulleitungen und PädagogInnen also wesentlich mehr Gestaltungsfreiraum und Verantwortung. Innovation und die Bildungswende wachsen verstärkt von unten. Zeitgemäße Lösungen schaffen damit schneller und leichter den Durchbruch – zum Beispiel in der

Frage, wie wir unsere Kinder und Jugendlichen angesichts von Phänomenen wie Digitalisierung, Fake News, Cybermobbing und Reizüberflutung fit im Umgang mit sozialen Netzwerken und digitalen Kompetenzen machen.

3. **Elite-Unis für alle:** Ein ergebnisorientiertes Studienplatzfinanzierungsmodell teilt Mittel an die autonomen Hochschulen jeweils leistungsbezogen für die Basis der Infrastruktur sowie für Lehre, Forschung und Wissenstransfer zu. Ein gesamtösterreichischer Hochschulplan liefert dafür den klaren strategischen Rahmen. Die Hochschulen können Studiengebühren bis zu einem gesetzlich vorgegebenen Deckel einheben (vgl. Fachhochschulen aktuell) und eigenständig verwenden. Die Studiengebühren werden vom Staat vorfinanziert, und ab einem gewissen Einkommen sind sie als nachgelagerte Gebühren später zurückzuzahlen (vgl. australisches Modell). Überfüllte Hörsäle, willkürliche Knock-out-Prüfungen zur Senkung der Studierendenzahlen und ideologische Blockaden aller Art – von Bundesregierung bis zur Österreichischen HochschülerInnenschaft – sind zu beenden. Faire Zugangsbeschränkungen, ein reformiertes Stipendiensystem und nachgelagerte Studiengebühren gewährleisten den Vormarsch der österreichischen Hochschulen und Studierenden an die Weltspitze. Parallel dazu sind die Fachhochschulen weiter aufzuwerten und auszubauen.

MEHR UNTERNEHMERGEIST, MEHR GUTE JOBS UND WOHLSTAND

Unsere Vision Österreich ist ein attraktiver Wirtschaftsstandort, der sich durch eine sinkende Steuer- und Abgabenquote und klare Rahmenbedingungen auszeichnet, auf die sich die SteuerzahlerInnen und Unternehmen verlassen können. Die Menschen haben mehr Geld zur Verfügung, weil sie weniger Steuern zahlen müssen. Unternehmerische Initiativen blühen auf und schaffen gute Arbeitsplätze in großer Zahl. Die Dichte an Unternehmen, die sich auf dem Weltmarkt eine führende Stellung in verschiedensten Bereichen und Nischen erarbeiten können, nimmt weiter zu. Die Herausforderungen der Digitalisierung werden proaktiv angenommen. Österreich ist eine Software-Power geworden und bleibt ein guter Standort für technologiebasierte Industrieproduktion ebenso wie für Gewerbe, Handwerk und den weiterhin wachsenden Dienstleistungssektor.

Wir kultivieren das WIR in der Wirtschaft. Denn Wirtschaft sind wir alle; sie ist für die Menschen da – und nicht umgekehrt. Gestaltungswille und Leistungsbereitschaft werden belohnt. UnternehmerInnentum wird respektiert und anerkannt. Gleichzeitig nehmen UnternehmerInnen ihre gesellschaftspolitische Verantwortung wahr. Sie achten bei ihren Tätigkeiten auf soziale sowie ökologische Nachhaltigkeit und gehen auf die Bedürfnisse und Lebensumstände ihrer MitarbeiterInnen ein (z. B. Teilzeit, Bildungskarenz). Wer ein Unternehmen gründen oder in nächster Generation weiterführen will, wird von einer effizienten Verwaltung professionell unterstützt. Die Erfahrung und Mitarbeit älterer ArbeitnehmerInnen wird geschätzt; flexible Modelle beim Übergang von der Erwerbstätigkeit in die Pension machen es attraktiv, auch länger berufstätig zu bleiben.

Probleme und Herausforderungen Mit einer der europaweit höchsten Steuer- und Abgabenquoten wird den Menschen in Österreich zu viel Geld abgenommen und damit ihr persönlicher Handlungsspielraum eingeschränkt. Auch UnternehmerInnen wird das Leben vielerorts schwergemacht. Dafür, dass sie versuchen, etwas aufzubauen, werden sie mit hohen Abgaben (etwa im Bereich Lohnnebenkosten) und vielen Auflagen »bestraft«. Hinzu kommt eine eklatante Schieflage im Steuersystem: Während viele multinationale Konzerne durch aggressive Steuervermeidungsstrategien und komplexe Verschachtelungsstrukturen ihr Steuervolumen in einen einstelligen Prozentbereich »runterorganisieren«, trifft Klein- und Mittelbetriebe die volle Wucht der heimischen Steuerbelastung. Und es ist gerade auch der Mittelstand, der unter der rasch wachsenden Bürokratie leidet, die sich immer mehr zum übermächtigen Feind des UnternehmerInnengeistes entwickelt. Der Vorschriftendschungel ist ohne Hilfe von DienstleisterInnen (z.B. Steuerberater, Rechtsanwältinnen) nicht mehr zu bewältigen. Restriktionen an jedem Eck – von der verkrusteten Gewerbeordnung bis zum wuchernden Statistikzwang. Oft sind es auch die Kleinigkeiten, die in Summe das Klima vergiften. Ein Beispiel: Die Vorschreibung für die Vorauszahlung von Einkommenssteuern wird jedes Jahr automatisch um vier Prozent angehoben – eine Wachstumsrate, die wir in Österreich schon lange nicht mehr gesehen haben. Ja, man kann eine Herabsetzung der Vorauszahlungen beantragen, aber wäre es nicht fairer, beispielsweise die BIP-Jahresprognose der Österreichischen Nationalbank als Richtschnur zu nehmen? Das sagt der Hausverstand, würde man meinen.

Oder ein anderer oft unterschätzter Bereich: Integraler Bestandteil eines marktwirtschaftlichen Systems ist ein funktionierender Kapitalmarkt. Die Wiener Börse gerät jedoch zunehmend unter Druck – nicht zuletzt auch wegen der 2016 erhöhten Kapitalertragsteuer. Generell besteht die Gefahr, dass mit kapitalmarktfeindlichen Maßnahmen der Wiener Börse – und damit österreichischen Unternehmen – das Wasser abgegraben wird. So, wie es für kleinere Unternehmen schon schwierig genug ist, Finanzierungen über ihre Bank zu bekommen, würde dann auch für Leitbetriebe eine wichtige heimische Finanzierungsquelle versiegen. Weniger Investitionen in die Zukunft sind die Folge. Das wiederum befeuert die Arbeitslosigkeit.

Unsere drei wichtigsten Maßnahmenbereiche

1. **Mittelstand von Steuern und Bürokratie entlasten:** Die Steuer- und Abgabenbelastung muss mit einer sozial-ökologischen Steuerreform um mindestens zehn Prozent gesenkt werden. Den Menschen bleibt damit mehr Geld zum Leben und der Faktor Arbeit wird entlastet. Das schafft neue Jobs im großen Stil. Unser pinkes Steuerreform-Konzept bringt eine Reduktion der staatlichen Ausgaben von jährlich 19,1 Milliarden Euro, umgesetzt in mehreren Reformetappen von insgesamt acht Jahren. Die Senkung der Lohnnebenkosten, eine industrie- und wirtschaftsfreundliche CO_2-Steuer (nach

schwedischem Vorbild) sowie die komplette Abschaffung der schleichenden Steuererhöhung durch Eliminierung der kalten Progression haben dabei Priorität. Die Körperschaftsteuer auf nicht entnommene Gewinne soll komplett abgeschafft werden, um Investitionen und die Schaffung von Arbeitsplätzen anzukurbeln. Der Grenzwert der geringwertigen Wirtschaftsgüter soll von 400 auf 1.500 Euro deutlich erhöht werden. Das setzt bei Klein- und Mittelbetrieben Ressourcen frei. Entschlossen zurückgestutzt wird der bürokratische Filz. Unter anderem werden mit dem Ausholzen der Gewerbeordnung und der Abschaffung der Zwangsmitgliedschaft in den Kammern bisherige Belastungen abgebaut. Ganzjahres-Arbeitszeitmodelle bringen mehr Freiheit für die individuelle Gestaltung des Privat- und Familienlebens sowie für die erfolgreiche Erfüllung von Auftragsspitzen im Betrieb. Eine »1-in-2-out-Regelung« für alle Gesetze und Vorschriften soll den Berg an Auflagen und Regelungen abtragen, damit sich Unternehmen auf ihre KundInnen und MitarbeiterInnen konzentrieren können. Alle Gesetze erhalten zudem eine sogenannte »Sunset Clause«, also ein Ablaufdatum. Bei Bewährung wird das Parlament die Regelung verlängern, sonst verfällt sie.

2. **Kapitalmarkt positiv besetzen und stärken:** Investitionen in Risikokapital sollen attraktiver werden. Dazu gehören die Finanzierung von Start-ups ebenso wie Aktien. Geld ist genügend da – wir bekommen es als Gesellschaft derzeit nur nicht richtig in die Drehung, um mehr Wohlstand für alle zu befördern. Mehr steuerliche Anreize für private Investitio-

nen sind notwendig (inkl. mehr Möglichkeiten zur Verlustabschreibung), ebenso der Abbau von regulatorischen Hürden für die Wiener Börse. Insgesamt soll der Kapitalmarkt von den Bürgerinnen und Bürgern nicht als »böse« wahrgenommen werden, sondern als Instrument, um Wohlstand und Lebensqualität in gesellschaftlicher Breite zu hebeln. Diese Bewusstseinshaltung muss zuallererst von der Bundesregierung integriert werden.

3. **Digitalisierung und Globalisierung positiv nutzen:** Globalisierung und Digitalisierung lösen bei vielen Menschen diffuse Angst aus. Sie verschwindet dann, wenn wir diese Phänomene überschaubar und für den persönlichen Nutzen konkret greifbar machen. Alle freuen sich heute, wenn er oder sie am Smartphone surfen und telefonieren kann. (Anmerkung für die Jahrgänge ab 1990: In meiner Kindheit konnten wir mit unserem »Viertelanschluss« nur telefonieren, wenn die NachbarInnen nicht gerade die Leitung belegt hatten. Meine ersten E-Mails schrieb ich 1993 im »Computerlabor« an der Uni Innsbruck – jeweils mit Anstehen für ein freies Gerät.) Das ist Globalisierung und Digitalisierung zum Nutzen der Menschen. Am Campus Hagenberg im oberösterreichischen Mühlviertel beispielsweise bereiten sich aktuell rund 1.600 FachhochschülerInnen auf eine Berufskarriere im Bereich Informatik, Kommunikation und Medien vor. Teils auch englischsprachig. Allein in der Steiermark fehlen derzeit rund 2.000 solche Fachkräfte; europaweit werden im Jahr 2020 geschätzte eine Million Arbeitsplätze in diesem Bereich nicht besetzt werden können (vgl. Kapitel »Europa als Leucht-

turm«). Machen wir Österreich zur Software-Power! Unterstützen wir die Szene an Start-ups, die sich im Umfeld der Technischen Universitäten in Graz und Wien bilden (z. B. im Bereich Gaming in der Steiermark). Bringen wir Hagenberg in die Obersteiermark, nach Kärnten und ins Südburgenland! Machen wir diese Abwanderungsgebiete zu Pilgerstätten der Innovation. Legen wir Breitband endlich in die »abgehängten« Regionen hinein. Holen wir Ausbildungsstätten dorthin und gewähren wir ausgewählten Regionen den (temporären) Status einer »Sonderwirtschaftszone« zur Förderung von Cluster-Lösungen, dann kehrt dort große Lebendigkeit ein.

ENKELFITTE SOZIAL- UND GESUNDHEITSSYSTEME FÜR HOHE LEBENSQUALITÄT

Unsere Vision Athletisch organisierte Sozial- und Gesundheitssysteme tragen uns dort, wo Alter, Krankheit, Gebrechlichkeit oder Unfälle die eigene Handlungsfähigkeit einschränken. Die Bürgerinnen und Bürger können sich auf diese Systeme verlassen und erhalten die Dienstleistungen der Gesundheits- und Sozialsysteme in hoher Qualität.

Die Strukturen sind effizient organisiert und – im Sinne der Generationenfairness – auch enkelfit finanziert. Nach fast 60 Jahren ununterbrochen schuldenfinanzierter Budgetpolitik schafft Österreich die Umkehr und stellt damit die Sozial- und Gesundheitssysteme auf nachhaltig belastbare Fundamente.

Die Probleme und Herausforderungen Wir haben in Österreich keine Zwei-Klassen-Medizin, sondern eine 34-Klassen-Medizin: Die Unterschiede bei 34 Krankenversicherungsträgern (inkl. Krankenfürsorgeanstalten), fünf Pensions- und vier Unfallversicherungen müssen harmonisiert, die Leistungen an veränderte Anforderungsprofile (z. B. alternde Bevölkerung) angepasst werden. Wochenlange Wartezeiten auf notwendige Untersuchungen (z. B. Magnetresonanz) sind für PatientInnen unzumutbar und kosten das Gesundheitssystem auf Dauer mehr, da dadurch Heilungschancen beeinträchtigt werden.

Vorsorge und Eigenverantwortung – ob im Gesundheits-, Pensions- oder Pflegebereich – werden aktuell kaum unterstützt, mancherorts sogar untergraben. Das Pensionssystem gewährt auf weitere Jahrzehnte Sonderrechte und Privilegien für ausgewählte Klientelgruppen und ist gleichzeitig nicht so aufgestellt, dass sich die Kinder und Jugendlichen auf seine Tragfähigkeit verlassen können. Das Vertrauen in das System ist weitgehend erodiert, und Altersarmut wird zur drohenden Perspektive für breite Massen.

Die jahrzehntelange Schuldenfinanzierung der Sozialsysteme hat wesentlich zu einer Staatsverschuldung von rund 70.000 Euro je erwerbstätiger Person bzw. rund 84 Prozent des Bruttoinlandsprodukts geführt. Das liegt weit über dem vernünftigen Maastricht-Kriterium von 60 Prozent und verschlingt aktuell rund sieben Milliarden Euro an Zinsen pro Jahr. Die Zinsbelastung gefährdet – vor allem dann, wenn die derzeitige Niedrigzinsphase vorbei sein wird – den Bestand der Systeme für unsere Kinder und raubt weitestgehend den Spielraum für zukunftsgerichtete Investitionen.

Unsere drei wichtigsten Maßnahmenbereiche

1. **Anreize zur Vorsorge und Eigenverantwortung:** Eigenverantwortung darf nicht bestraft, sondern soll belohnt werden. Wer proaktiv auf seine Gesundheit schaut, soll dabei professionell begleitet werden. Was von der Sozialversicherungsanstalt der gewerblichen Wirtschaft in ersten Schritten erprobt wird – nämlich Eigeninitiative zu einem gesünderen Lebensstil zu ermutigen, zu begleiten, finanziell zu belohnen und damit das Gesundheitssystem zu entlasten –, soll in allen Krankenversicherungen etabliert werden. Diese sollten

sich in ihrer Haltung zu »Gesundenversicherungen« wandeln. Auch wichtig bei der Förderung von Eigenverantwortung ist, dass Angehörige, die Pflegebedürftige selbst oder zumindest teilweise zu Hause betreuen wollen (etwa bei Demenz, Alzheimer, Parkinson), vielfältige Unterstützung erhalten. Niederschwellige Hilfen sind weiter auszubauen (z. B. mobile Dienste, Tageszentren), und bürokratische Hürden sind zu beseitigen.

2. **Schlanke Strukturen, effiziente Dienstleistung:** Das Machtkartell der Landeshauptleute und Sozialpartner ist zu brechen, um die Finanzierung und Steuerung des Gesundheitssystems aus einer Hand zu ermöglichen. Die Zusammenlegung der Strukturen sowie die Stärkung von Gruppenpraxen und der niedergelassenen Ärztinnen und Ärzte als erste Anlaufstation für PatientInnen sind bedeutungsvolle Schritte für mehr Qualität und Effizienz. Der Rechnungshof belegt, dass sich – ohne Einbußen bei der Qualität der Gesundheitsversorgung – Erwerbstätige pro Kopf und Jahr 1.200 Euro an Steuern sparen könnten, wenn das System effizient organisiert und gesteuert wird. Sofort abzuschaffen ist die Mehrfachversicherung bei gleichzeitiger selbstständiger und unselbstständiger Tätigkeit. Hier haben die Interessen der Versicherten im Vordergrund zu stehen, nicht jene der verkrusteten Versicherungsträger.

3. **Das Pensionssystem enkelfit machen:** Das Pensionssystem soll – inspiriert von der Mehrparteien-Reformgruppe in Schweden – auf Basis eines breit getragenen Reformprozesses zu einem nachhaltigen, verlässlichen Flexipensionsmodell

umgebaut werden. Die Menschen können zwischen 61 und 69 selbst entscheiden, wann sie in Pension gehen. Aufgrund des transparenten Pensionskontos wissen sie, welche Ab- oder Zuschläge zum Tragen kommen. Längeres Arbeiten wird belohnt. Ein gleitender Umstieg in die Pension ist möglich. Die wirtschaftliche Entwicklung und die steigende Lebenserwartung werden durch einen Nachhaltigkeitsfaktor in die Berechnung der Pensionshöhe integriert. Für Frauen und Männer gelten dieselben Regeln. Das jährliche Parteien-Hickhack und Ad-hoc-»Zuckerln« – wie etwa Ende 2016 ein zusätzlicher Pensionshunderter für alle, auch bei 30.000-Euro-Luxuspensionen – wären damit ein für alle Mal passé.

GEREGELTER ZUZUG UND GELINGENDE INTEGRATION

Unsere Vision Die Debatte um Asyl, Migration und Integration hat nach Jahren der Links-rechts-Polarisierung und der gesellschaftlichen Spaltung endlich eine lösungsorientierte Mitte gefunden. Klare Regeln führen zu einem berechenbaren, tragfähigen Handlungsrahmen. Arbeitsmigration nach Österreich wird endlich nach den Bedürfnissen des Arbeitsmarktes gesteuert (vgl. Kanada) und klar vom Asylwesen getrennt. Das Asylwesen wurde – im Gleichschritt mit europäischen Partnern (Schengen 2.0) – effizient umgebaut. Die neue Schengen-Außengrenze wird lückenlos überwacht, alle Ein- und Austritte werden registriert; auch mithilfe biometrischer Daten, um das Vortäuschen unterschiedlicher Identitäten zu unterbinden. Rasche, rechtsstaatliche Verfahren geben Klarheit, ob Einzelpersonen Schutz und Hilfe gewährt wird. Wer einen positiven Aufenthaltstitel hat, bekommt Unterstützung, um ehestmöglich auf eigenen Beinen zu stehen und solidarisch Beiträge ins Gemeinwesen einzubringen. Wer nach Abschluss des rechtsstaatlichen Verfahrens keinen positiven Aufenthaltstitel hat, muss unser EU-/Schengen-Territorium verlassen. Die Rückführungen funktionieren – nach diesbezüglichen nationalen und europäischen Kraftanstrengungen – wesentlich besser als in früheren Jahrzehnten.

Die wichtigsten »IntegrationshelferInnen« stehen außer Streit: ArbeitskollegInnen – und damit die rasche Integration in einen Arbeitsprozess – sowie Deutsch als gemeinsame Sprache. Mittels Integrationsvereinbarungen sind die wechselseitigen Erwartungshaltungen zwischen aufnehmender Gesellschaft und zugezogenen Personen klar festgelegt. Die positiven Potenziale der zugewanderten Personen und das gesellschaftliche Potenzial von Diversität werden strukturiert und gut gehoben. Ein klar geregelter, gut geordneter Zuzug wird zur Win-Win-Situation für die Aufnahmegesellschaft und die neu Zugezogenen.

Die Probleme und Herausforderungen Die gemeinsame EU- bzw. Schengen-Außengrenze wird derzeit nur lückenhaft kontrolliert. Vonseiten Europas – EU wie Nationalstaaten – kommen zu wenige internationale Initiativen, um Fluchtgründe (u. a. Kriege, wirtschaftliche Krisen, Wohlstandsgefälle, Klimawandel, Bevölkerungswachstum) zurückzudrängen (vgl. auch Kapitel »Europa als Leuchtturm«). Fluchtbewegungen aus Kriegsgebieten vermischen sich zu stark mit Menschen, die aus ökonomischen Gründen ihre Heimat verlassen. Die nationalen Bestrebungen in Europa laufen zunehmend darauf hinaus, Nachbarstaaten das Flüchtlingsproblem umzuhängen. Die nationale Abschottung schreitet gerade auch in diesem Problembereich zügig voran.

Eine bedarfsorientierte Steuerung der Arbeitsmigration konnte bislang weder auf EU- noch auf nationaler Ebene zufriedenstellend organisiert werden. Die EU-weite Blue Card und die österreichische Rot-Weiß-Rot-Karte können den – für unseren Wohlstand und Fortschritt wichtigen – Zuzug von Hochqualifizierten und Fachkräften nicht ausreichend hebeln.

Die Integration wird immer mehr zur Schicksalsfrage von Generationen. Die nicht oder nur sehr schlecht erfolgte Integration der tschetschenischen Flüchtlinge ab 2004 zeigt das Gefahrenpotenzial: Diese Bevölkerungsgruppe ist stark überrepräsentiert im Feld der Dschihadisten aus Österreich sowie im Bereich der organisierten Kriminalität. Polizeikreise berichten, dass im organisierten Drogenhandel aktuell afghanische Gruppen zunehmend die Kontrolle übernehmen. Bei solchen Entwicklungen sind einerseits die Fakten klar zu benennen, um in entschlossene Gegenmaßnahmen zu kommen; andererseits ist es wichtig, Mitglieder einer Nationalität nicht pauschal zu verdächtigen und zu verurteilen.

Eine riesige Herausforderung – vor allem im Bildungssystem und am Arbeitsmarkt – ist und bleibt die Integration der ersten, zweiten und dritten (!) Generation. Hierbei sind die Tendenzen zur gesellschaftlichen Abkapslung, die partielle Abneigung gegen Grundwerte der Aufnahmegesellschaft und mangelnde Deutschkenntnisse ebenso gravierende Probleme wie Vorurteile in der aufnehmenden Gesellschaft.

Der lösungsorientierte Diskurs in den Politikfeldern Asyl, Migration und Integration versinkt zunehmend in einem emotional aufgeladenen Populismus, der weniger an Lösungen, sondern vielmehr daran interessiert ist, aus den Problemlagen politisches Kapital zu schlagen. Angst und Angstmache werden zum politischen und medialen Geschäftsmodell. Die Spaltung der Gesellschaft wird bewusst in Kauf genommen oder gar vorangetrieben.

Unsere drei wichtigsten Maßnahmenbereiche

1. **Klare Spielregeln und entschlossener Vollzug:** Angesichts des aktuellen Nichtfunktionierens des Schengen- und Dublin-Systems sollten wir rasch »Schengen 2.0« umsetzen: Die Zusammenarbeit ist zu vertiefen – auch um den Preis, allen-

falls den Schengen-Raum kleiner ziehen zu müssen. Eine massive Kontrolle der Außengrenze mit mindestens 30.000 Grenzsicherheitskräften ist notwendig. Registrierzentren werden von einer gemeinsamen europäischen Asylbehörde betrieben und aus einem gemeinsamen Budget finanziert. Bis es zu diesen gemeinschaftlichen Umsetzungen kommt, sind bilaterale Abkommen und nationale Maßnahmen notwendig. Die Verteilung von AsylwerberInnen und Asylberechtigten sollte innerhalb Österreichs – später auch in Schengen 2.0 – mit einer Residenzpflicht erfolgen. Unkontrollierte Binnenwanderungen werden mit dieser Wohnsitz-Bindung verhindert. Ein Asylverfahren soll – angelehnt an die Regelungen in der Schweiz – bis zum zweitinstanzlichen Erkenntnis maximal 180 Tage dauern. Ein positiver Asylbescheid bedeutet: Eintritt, volle Chancen und massive Unterstützung für rasche Integration. Ein negativer Asylbescheid bedeutet: entschlossene Rückführung. Wer kein Recht hat, zu bleiben, hat die Pflicht, zu gehen.

2. **Bildung und Arbeit als Schlüssel:** Integration braucht Beziehung – wechselseitige Annahme in Respekt. Die Botschaft »Du bist okay« ist in beide Richtungen wichtig. Zentrale Schlüssel zu gelingender Integration sind Bildung und Arbeit. Der Erwerb der deutschen Sprache – und gerade für die zweite und dritte Generation deren Perfektionierung – hat vom ersten Tag an Priorität. In der Elementarpädagogik werden die Kinder so in ihrer Sprachentwicklung gefördert, dass von den sechsjährigen Kindern 90 Prozent die deutsche Sprache fließend beherrschen. Das Phänomen der Brennpunktschulen wird durch einen Chancen-/Sozialindex nach niederlän-

dischem Beispiel entschärft. Das bedeutet: mehr Ressourcen für Schulen mit größeren Herausforderungen, gerade auch in der Integration. Für Deutschkurse sollen nicht wie bisher vier verschiedene Ministerien und etliche Landesstellen zuständig sein, sondern eine zentrale Regierungsstelle für Integration. Der Zugang zum Arbeitsmarkt soll nach spätestens sechs Monaten ermöglicht werden. Bei AsylwerberInnen erfasst das Arbeitsmarktservice bereits in den ersten zehn Wochen alle Qualifikationen und Vorerfahrungen, um die Arbeitsmarktintegration beschleunigen zu können. Die Rot-Weiß-Rot-Karte wird neu aufgesetzt und von bürokratischem Wust befreit. Damit erleichtern wir den gesteuerten Zuzug von Hochqualifizierten und ausgewiesenen Fachkräften.

3. **Wechselseitiges Bekenntnis zur Integration:** Eine Integrationsvereinbarung ist die Basis für das wechselseitige Bekenntnis zur Integration – inklusive Sanktionen bei Verletzungen (z. B. Nichtbesuch von Werte-Kursen). Dabei erfolgt auch eine Differenzierung zwischen regulärem Asyl und subsidiärem Schutz auf Zeit, wobei bei Letzterem nach Wegfall der Schutzgründe explizit die Heimkehr vereinbart und geplant ist. Als aufnehmende Gesellschaft verlangen wir den vollen Respekt für unsere Grundwerte (u. a. Meinungsfreiheit, Religionsfreiheit, Gleichwertigkeit von Frau und Mann, das Gesetz steht über religiösen Geboten) und räumen im Gegenzug den Zugang zu Arbeitsmarkt, Sozial-, Gesundheits- und Bildungssystem ein. Eine Vereinfachung amtlicher Prozesse und ein starkes Augenmerk auf die Verständlichkeit von Gesetzen erleichtern es neu zugewanderten Menschen zu verstehen, was von ihnen verlangt wird.

ATHLETISCHE STAATS-STRUKTUREN UND MODERNE BÜRGERINNENBETEILIGUNG

Unsere Vision Österreich hat sich von einem Parteien-Staat hin zu einer BürgerInnen-Republik entwickelt. Politik ist wieder positiv besetzt und wird als Ort verstanden, wo wir im Wettbewerb der Ideen gemeinsam an einem Strang ziehen, um unser Zusammenleben zu organisieren und die Zukunft des Landes zu gestalten. Österreich hat eine lebendige Demokratie, und viele Bürgerinnen und Bürger beteiligen sich aktiv am politischen Geschehen. Es gibt mehr und vor allem wirkungsvollere direktdemokratische Elemente. Abgeordnete werden nicht mehr überwiegend von Parteigremien, sondern durch die Wählerinnen und Wähler direkt bestimmt und sind der Bevölkerung stärker Rechenschaft schuldig.

Die politischen Prozesse sind transparent, die Korruption ist deutlich zurückgedrängt. Die Parteienförderung wurde stark reduziert und entspricht europäischen Standards. Umgekehrt stehen den Abgeordneten selbst ausreichend Ressourcen zur Verfügung. Der Nationalrat hat sich von den Sozialpartnern und alten Machtkartell-Logiken emanzipiert. In einem modernen Arbeitsparlament findet die Auseinandersetzung zwischen unterschiedlichen Meinungen, Positionen und weltanschaulichen Ansätzen statt, um nach Abwägen verschiedener Lösungswege in tragfähige politische Entscheidungen zu kommen. Diese sind nicht von kurzfristiger Partei- und Machtlogik dominiert, sondern von der Verantwortung gegenüber dem Volk und der Zukunft des Landes. Die Staatsorganisation und die Verwaltung Österreichs sind effizient. Der Föderalismus wandelt sich vom »Spendier«- zum »Verantwortungsföderalismus«. Die Aufgabenzuständigkeiten werden gestrafft und Doppelzuständigkeiten gestrichen. Das Amtsgeheimnis ist abgeschafft und die Selbstbestimmung der Menschen, das Recht auf Privatsphäre sowie Minderheitenrechte werden hochgehalten.

Die Probleme und Herausforderungen Österreichs Staats- und Verwaltungsstruktur ist vielerorts ineffizient organisiert und nicht mehr zeitgemäß. Obwohl seit Jahrzehnten vernünftige Vorschläge auf dem Tisch liegen (z. B. Österreich-Konvent), bringen die regierenden Parteien keine strukturellen Reformen zustande. Es dominieren Besitzstand-Denken und verkrustete Strukturen. Die Korruptionsanfälligkeit des Systems steigt. Versuche, mehr Transparenz in das politische Geschehen zu bringen, werden von alteingesessenen Kräften bewusst sabotiert. Auch die Finanzierung der Traditionsparteien bleibt intransparent und wird über undurchsichtige Verschachtelungen von Vorfeldorganisationen arrangiert. Gewisse »Freundeskreise« bedienen sich in unverschämter Art und Weise an Steuermitteln.

Das Vertrauen der Bürgerinnen und Bürger in die Politik ist an einem Tiefpunkt angelangt. Das Interesse für die Tätigkeiten des österreichischen Parlaments und für den Entstehungsprozess von Gesetzen ist gering. Demokratie findet im Empfinden der Menschen hinter verschlossenen Türen statt und wird von taktischen Spielchen und parteipolitischen Machtlogiken geleitet. Was an die Öffentlichkeit gelangt, ist mehrheitlich kleinteiliges politisches Hickhack. Dieser unattraktive Zustand erstickt vielerorts den Willen der Menschen, sich mehr einzubringen, bereits im Keim.

Unsere drei wichtigsten Maßnahmenbereiche

1. **Parteienfinanzierung runter, Persönlichkeitswahlrecht rauf:** Sämtliche Ansätze für eine umfassende Föderalismus- und Verwaltungsreform sind in den letzten Jahrzehnten im Sand verlaufen. Insbesondere die LandesfürstInnen haben sich dabei als reformunwillig gezeigt. Ihr Bestreben ist es, hinter den Kulissen weiterhin das Geschehen in der Regierung und im Nationalrat zu dominieren. Ihre zwei wichtigsten Hebel für Dominanz sind die unanständig hohe öffentliche Parteienfinanzierung auf Landesebene und ihre Machtposition bei der Listenerstellung für bundesweite Wahlen. Sie »kontrollieren« das Geld und die Mandate. Daher ist an diesen zwei Punkten anzusetzen: a) Einführung eines Persönlichkeitswahlrechts: Bei der Auswahl der Abgeordneten sollen die Bürgerinnen und Bürger in 100 sogenannten Einer-Wahlkreisen über ganz Österreich die entsendete Person direkt bestimmen. Wer in diesem Wahlkreis von gut 60.000 Wahlberechtigten die Mehrheit hat, kommt ins Parlament. Das stärkt die Rechenschaftspflicht dieser direkt gewählten Abgeordneten gegenüber der Bevölkerung und senkt deren Abhängigkeit von den Parteien. Damit werden sie zu echten VolksvertreterInnen; im ureigenen Sinne des Wortes. In einem zweiten Auszählungsschritt werden die weiteren 83 Mandate gemäß Ergebnis der Parteien bundesweit zugewiesen. Damit ist im Sinne des Verhältniswahlrechts gewährleistet, dass der Wille des Volkes auch im

Kräfteverhältnis der Parteien insgesamt zum Tragen kommt.
b) Senkung der Parteienförderung: Die Parteienförderung soll auf ein durchschnittliches europäisches Maß zurückgeschraubt werden. Aktuell bedienen sich die alteingesessenen Parteien in Rekordmanier. Daher ist die Kürzung der Parteienförderung um zumindest die Hälfte notwendig. Die Bundesländer, die derzeit sehr unterschiedlich hohe Förderungen ausschütten (z. B. in Wien und Oberösterreich das rund Vierfache im Vergleich zur Bundesebene), erhalten einen massiv reduzierten Korridor, in desse Rahmen sie sich bewegen müssen.

2. **Mehr Transparenz und digitaler Service:** Mit einer Transparenzoffensive werden die Bürgerinnen und Bürger eingeladen, sich am politischen Geschehen aktiv zu beteiligen. Die Korruption wird entschlossen zurückgedrängt. Sonnenlicht ist das beste Desinfektionsmittel. Alle Parteien müssen – so, wie von NEOS bereits praktiziert – ihre Einnahmen und Ausgaben zukünftig detailliert öffentlich machen, am besten online. Parlamentarische Ausschüsse werden für die Öffentlichkeit zugänglich gemacht, um die Arbeit des Parlaments ins Licht zu rücken. Das Amtsgeheimnis wird mit der Einführung eines modernen Informationsfreiheitsgesetzes abgeschafft, und das Befüllen der Transparenzdatenbank zur Aufschlüsselung der rund 20 Milliarden Euro an Förderungen wird für Bund, Land und Gemeinden zur Pflicht. Die Bevölkerung kann zukünftig nachvollziehen, wohin ihr Steuergeld fließt. Zudem werden nach dem Vorbild Estlands die Amtswege digitalisiert, um den Bürgerinnen und Bürgern Zeit und Kosten im Umgang mit Behörden zu sparen.

3. **Aufwertung der direkten Demokratie und des Parlaments:** Auf allen Ebenen wird direkte Demokratie vorangetrieben. Auf Gemeindeebene werden sogenannte BürgerInnenhaushalte forciert, in deren Rahmen die Bevölkerung aktiv Projekte mitentwickelt und zur Umsetzung auswählt. Auf Landesebene werden verstärkt Instrumente wie BürgerInnenräte eingesetzt. Die Schwelle für die verpflichtende Behandlung von Volksbegehren durch den Nationalrat – derzeit 100.000 Unterschriften – wird auf ein Prozent der Wahlberechtigten gesenkt (aktuell rund 64.000). Auch parlamentarische Anfragen sollen durch Petition von einem Prozent der Wahlberechtigten möglich sein. Regierungsmitglieder sollen sich zukünftig vor ihrer Bestellung einem öffentlichen Hearing im Parlament unterziehen müssen. Im Nationalrat soll die Regierung zu Beginn einer Legislaturperiode nach norwegischem Beispiel in Kooperationsgespräche auch mit Oppositionsfraktionen gehen. Das freie Mandat der Abgeordneten ist zu stärken und die Arbeitsprozesse im Parlament sind zu modernisieren. So soll beispielsweise der parlamentarische Budgetdienst ausgebaut werden, um diesen auf Augenhöhe mit dem Finanzministerium zu bringen.

EUROPA ALS LEUCHTTURM – MITEINANDER STATT GEGENEINANDER

Unsere Vision Europa ist etwas, das gibt, nicht nimmt: insbesondere Lebenschancen, Frieden, Sicherheit, Wohlstand, Arbeitsplätze – ein guter Deal für die Menschen, die hier leben. Europas BürgerInnen bewegen sich frei in ihrem gemeinsamen Europa – ob sie lernen, arbeiten, lieben, urlauben oder ihren Ruhestand genießen. Die europäische Integration wurde unter Einbindung der BürgerInnen konsequent weiterentwickelt. Die gemeinsame Union sichert das friedliche und freie Zusammenleben sowie die konstruktive gesellschaftliche, wirtschaftliche und kulturelle Entwicklung auf dem Kontinent.

Österreich versteht Europapolitik als Innenpolitik und gestaltet diese proaktiv, selbstbewusst und integrativ mit. Die Mitgliedstaaten der EU stehen in einem anregenden Wettbewerb, und die – der Demokratie und Rechtsstaatlichkeit verpflichtete – Union nimmt entschlossen und transparent jene Aufgaben wahr, die gemeinsam besser erledigt werden können. Es werden kraftvolle, gemeinschaftliche Lösungen in den Bereichen Einwanderung, Wirtschaftswachstum und Arbeitsplätze sowie Sicherheit und Außenpolitik umgesetzt. In vielen Bereichen entwickeln sich auch die Regionen immer stärker zum Rückgrat der Union und sorgen für bürgernahe und alltagstaugliche politische Lösungen.

Mittels eines breit angelegten Verfassungskonvents loten BürgerInneninitiativen aus mehreren Mitgliedstaaten gemeinsam den nächsten Schritt der Integration aus – eine Europäische Republik mit einem vom europäischen Volk gewählten

Parlament und einer gemeinsamen Regierung. Immer mehr Bürgerinnen und Bürger erkennen, dass ihr »gutes Leben« wesentlich vom Ausmaß ihres gemeinsamen Handelns auf europäischer Ebene abhängt. Aus neonationalistischen Eskalationen sowie wirtschaftlichen und internationalen Verwerfungen windet sich die Idee der Republik Europa immer stärker ins Zentrum der öffentlichen Debatte. Die Welt staunt. Europa ist einmal mehr auf dem Weg zu neuer Strahlkraft – als Leuchtturm der Demokratie, des Friedens, der Freiheit, des Wohlstands und der Lebensqualität.

Die Probleme und Herausforderungen Die Europäische Union entfremdet sich den Bürgerinnen und Bürgern immer stärker. Zu lange wurde das Bild befördert und zu sehr hat sich nun der Eindruck verhärtet, dass diese Union den Lobbyistinnen und Bürokraten in einem weit entfernten Brüssel gehöre, während die einzelnen Mitgliedstaaten sowie die Bevölkerung kaum etwas zu melden hätten. Faktum ist, dass die nationalen Regierungen zu wenig Verantwortung für das übernehmen, was sie gemeinsam im Europäischen Rat in Brüssel beschließen. Und das Versprechen eines demokratischen Europas der Bürgerinnen und Bürger – seit Jahrzehnten vielerorts serviert – wurde bisher nicht ausreichend umgesetzt. Die Enttäuschung darüber werden wir nicht stillen können, solange wir die Union nicht verändern.

Auf der politischen und wirtschaftlichen Weltbühne schafft es Europa nicht ausreichend, eine entschlossene Gestaltungsrolle einzunehmen. Wahlen werden mit nationaler Innenpolitik gewonnen. Die nationalstaatlichen Interessen der

Mitgliedsländer dominieren bzw. blockieren daher auch die Innen- und Außenpolitik der Europäischen Union. Gemeinsame Regeln werden nicht eingehalten – vom Maastricht-Vertrag bis zur Bankenunion. Der Euro ist ein Segen und wird nach meiner Einschätzung halten, jedoch nicht im aktuellen Währungsgebiet. Zu groß sind die Ungleichheiten und die damit verbundenen Fliehkräfte; zu schwach noch die politische und wirtschaftliche Integration als tragfähige Basis. In vielen alltags- und budgetrelevanten Fragen – beispielsweise hinsichtlich einer internationalen Strategie gegen aggressive Steuervermeidung durch multinationale Konzerne – kommen keine gemeinsamen Initiativen zustande. Auch auf die in etlichen Ländern grassierende Jugendarbeitslosigkeit schaffen die Mitgliedstaaten keine gemeinsamen Antworten.

Die EU ist umringt von Krieg und Instabilität. Kraftvolle gemeinschaftliche Lösungen bei der Flüchtlings-, Asyl- und Migrationspolitik bleiben vorerst aus. In vielen Mitgliedstaaten beobachten wir autoritäre Tendenzen und den Anstieg von neonationalen und xenophoben Kräften. Die Demokratie und die Kernwerte der europäischen Zivilisation kommen unter Druck. Das Faktum, dass uns die Geschichte, die wirtschaftlichen, gesellschaftlichen und kulturellen Verflechtungen sowie die dichte Besiedlung zu einer Schicksalsgemeinschaft gemacht haben, ist zu wenig im Bewusstsein der BürgerInnen und PolitikerInnen verankert. Europa ist eine Schicksalsgemeinschaft, aber es begreift sich (noch?) zu wenig als Chancengemeinschaft. Das Einigungsprojekt steckt in der Krise – ohne klare Orientierung nach vorne.

Unsere drei wichtigsten Maßnahmenbereiche

1. **Gemeinsame Außen- und Sicherheitspolitik:** Das Ringen um gemeinsame Lösungen darf nicht weiter in 28 innenpolitischen Debatten und nationalen Wahllogiken verbluten. Wenn wir in Europa Sicherheit, Wohlstand und Lebensqualität haben wollen, brauchen wir proaktive, gemeinsame Strategien als Antwort auf die vielen Krisenherde vor unserer Haustür (von Libyen über Afghanistan und Syrien bis zur Ukraine). Die Außen- und Sicherheitspolitik soll »vergemeinschaftet« werden. Gleichzeitig müssen wir schrittweise eine europäische Armee aufbauen, die auf Beschluss des Europäischen Parlaments für friedenssichernde – in Einklang mit einem UNO-Mandat auch für friedensschaffende – Einsätze zur Verfügung steht. Damit können Fluchtursachen im großen Stil konkret bearbeitet werden. Mit Afrika, das seine Bevölkerungszahl in den nächsten Jahrzehnten verdoppeln wird, müssen wir rasch in starke wirtschaftliche Kooperationen kommen. Große gemeinsame Infrastrukturprojekte sollen dort für Arbeitsplätze und eine gedeihliche Entwicklung sorgen. Das Wohlstandsgefälle kann sich dadurch schrittweise abbauen, und für die europäische Wirtschaft ergeben sich viele Chancen und Partnerschaften auf Augenhöhe.

2. **Europa zum digitalen Vorreiter machen:** Die Jugendarbeitslosigkeit ist ein grassierendes Elend auf unserem Kontinent – in Griechenland, Spanien und Italien liegt sie sogar über 40 Prozent (in Österreich nur bei rund 10 Prozent, was immer noch zu hoch ist). Gleichzeitig fehlen uns bereits im Jahr 2020

über eine Million Fachkräfte im Bereich Informations- und Kommunikationstechnologie. »Smarte« Städte und Gemeinden sind unsere Zukunft, Software sowie Data Industries sind die am schnellsten wachsenden Sektoren in Europa. Nur werden diese ausgebremst, weil wir derzeit nicht imstande sind, die Fachkräfte dafür auszubilden. Europa muss aufwachen! Lernen wir vom Silicon Valley in Kalifornien und vom Silicon Wadi in Israel. Ich habe beide Regionen in den letzten Monaten besucht. Was dort abgeht, ist eine großartige Inspiration. Lernen wir von Indien und China. Setzen wir eine Taskforce aller EU-Institutionen ein, um Best-Practice-Beispiele zu studieren. Und in einem Jahr steht eine akkordierte »Smart Europe«-Offensive. Gemeinsam schaffen wir damit Millionen Arbeitsplätze und einen Beitrag für eine gute Zukunft für den Kontinent und die hier lebenden Menschen.

3. **Eine Europäische Republik mit starken Regionen:** Am dringenden Reformbedarf der EU zweifelt kaum jemand. Die Union ist für die meisten Bürgerinnen und Bürger nicht nachvollziehbar und damit ein leichtes Ziel national-populistischer Verleumdung. Unsere Union braucht ein neues Narrativ und ein neues Setup – klar und greifbar. Wir brauchen die »Europäische Republik«! Aus einem Zusammenschluss von Nationalstaaten soll eine Republik der europäischen Bürgerinnen und Bürger werden. Die Macht geht von ihnen aus, nicht mehr von den Nationalstaaten. Nicht Stacheldraht rund um 28 nationale Inseln wird uns auf diesem Kontinent stark machen, sondern das gemeinsame Kultivieren von vorwärtsgerichteten Antworten auf die Phänomene unserer Zeit wie Globalisierung und Digitalisierung – mit europäischen Parteien, einem Europäi-

schen Parlament und einer europäischen Regierung. Es soll kein zentralistischer Superstaat werden, sondern eine dezentrale Republik; getragen von starken Regionen, die sich um alltagsnahe Aufgaben kümmern – von Wohnpolitik über Infrastruktur bis hin zu Arbeitsmarktinitiativen. Gleichzeitig sollen die großen Herausforderungen wie Sicherheit, Außenpolitik und die Koordinierung der Wirtschafts- und Währungspolitik umfassend gemeinsam organisiert sein. Wird diese Republik auf dem Gebiet der EU-28 erstehen? Nein. Wie bei der Montanunion (für Kohle und Stahl), bei der Europäischen Wirtschaftsgemeinschaft, bei den Schengener Abkommen und bei der Währungsunion wird eine Gruppe vorangehen. So werden wir vielleicht einen gemeinsamen europäischen Pass mit BürgerInnen in Flandern, Istrien, Bayern, der Normandie und Nordböhmen haben. Andere werden folgen. Halte ich es für wahrscheinlich, diese Europäische Republik persönlich noch zu erleben? Ja. Sie wird, so glaube ich, wie ein Phönix aus der Asche der Eskalationen der nächsten zwei Jahrzehnte erstehen. Wir werden in den kommenden Jahren durch kleine und große Schockwellen gehen (u. a. kriegerische Flächenbrände vor unserer Haustür, autoritäre Regierungen in EU-Mitgliedsländern, Veränderungen des Euro-Gebietes, Flüchtlingsbewegungen, Terroranschläge). Die Bürgerinnen und Bürger werden an den Punkt kommen, an dem sie aufbegehren. Sie werden es in die Hand nehmen, so wie sie es seit über 2.500 Jahren immer wieder gemacht haben auf diesem Flecken Erde: direkt und unmittelbar – sich in die eigenen Angelegenheiten einmischen. Sie werden sich erinnern, was es heißt: »Die Macht geht vom Volke aus.« Sie werden die Republik ausrufen. Und das ist gut so.

WIR KÖNNEN.
WIR WOLLEN.
WIR WERDEN.
#ÖsterreichGehtAnders
neos
ÖSTERREICH
GEHT
ANDERS

AUF geht's!

Lass uns gemeinsam gehen. Und gib du mit Richtung! Hier folgen mein Schluss-Appell und sodann ein Logbuch für AnpackerInnen: Erstelle deinen persönlichen Chancen-Kompass!

»Sei Du selbst die Veränderung, die Du Dir wünschst für diese Welt.« Mahatma Gandhi

Dass Veränderung und Wandel uns Menschen seit jeher begleiten, beweist unter anderem das chinesische I Ging, das Buch der Wandlungen. Es ist die älteste der klassischen chinesischen Schriften, deren Entstehungsgeschichte bis ins dritte Jahrtausend vor Christus zurückführt. Was ich dabei spannend finde: Bei den 64 Hexagrammen, also den Bildern, die die einzelnen Lebensphasen beschreiben, lauten die beiden letzten Bilder: »Nach der Vollendung« und »Vor der Vollendung«.

Was für das Leben gilt, gilt auch für die Politik – den Ort, wo wir uns ausmachen, wie wir miteinander leben: Wir sind niemals fertig. Der Fluss des Lebens und der Lauf der Dinge kommen nie zu einem Ende. Die Aufgabe und die Herausforderung, die besten Bedingungen für unser Leben und unser Zusammenleben zu schaffen, sind immerwährend.

Unserem Land und uns allen steht ein großer Wandel bevor. Dabei steht für jede und jeden von uns viel auf dem Spiel. Das politische System, das Österreich seit 1945 zuerst aufgebaut, dann getragen, in den letzten Jahren aber immer mehr gelähmt und geschwächt hat, ist am Ende. Es braucht eine Alternative zu den alteingesessenen Parteien, einen neuen Stil, eine neue Politik – um unser Land zu erneuern und mit Zuversicht und Handlungswillen zu füllen.

Radikale Antworten und Populismus von links und rechts drohen, tiefe Gräben in unsere Gemeinschaft zu reißen und sie zu spalten. Sie polarisieren, anstatt eine tragfähige, charakterfeste Mitte zu stärken. Doch wir brauchen keine neuen oder alten dogmatischen Ideologien oder gar Extremismen. Mit solchen haben Menschen im letzten Jahrhundert weltweit – und Österreich mittendrin – über 100 Millionen andere Menschen benutzt und ermordet.

Die Alternative zu Stillstand und zu Extremismen liegt in einem neuen Selbstbewusstsein von uns Bürgerinnen und Bürgern. Nehmen wir unser Schicksal selbst in die Hand und gehen in die Verantwortung, auch wenn sie mit Risiken verbunden ist! Es geht darum, Perspektiven für eine positive Zukunft zu eröffnen.

Wirkmächtigkeit wächst dort, wo sich Menschen hinter Ideen versammeln, für diese aufstehen und sich engagieren. Wir haben uns als Bewegung formiert, um gemeinsam diese Ideen zu entwickeln und ins Leben zu bringen. Ideen, die Menschen motivieren, aktiv zu werden und Verantwortung zu übernehmen – für ihr eigenes Tun und die Entwicklung unseres Gemeinwesens. Österreich ist ein wunderschönes Land mit einer reichen Vergangenheit. Wir Bürgerinnen und Bürger können und sollen engagiert an dieser Geschichte anknüpfen. Mit einer Vision: **Österreich ist 2030 eine faire *Freie Chancengesellschaft*;** ein optimistisches, lebenswertes, prosperierendes Land in einem starken Europa!

Diese *Freie Chancengesellschaft* ist auch die Antwort auf die drohende Spaltung der Gesellschaft. Keine Gruppe soll von Wohlstand und Fortschritt ausgeschlossen sein. Uns leiten die Prinzipien der Vernunft, der Fairness und des demokratischen Miteinander. **Wir glauben an die schöpferische Schaffenskraft des Menschen.** Im Vordergrund stehen Freiheit, Selbstbestimmung und Aufrichtigkeit. Wir wollen die Chancen zu Autonomie und Selbstentfaltung für den Einzelnen und die Einzelne und für alle gesellschaftlichen Gruppen sicherstellen. Wandeln wir gemeinsam die Zukunft von der Problem- und Angstzone in einen Hoffnungs- und Gestaltungsraum!

Wir können gemeinsam die Demokratie erneuern, wir können breitflächig die Entfaltung der Talente in unserem Land boosten, wir können eine neue Gründerzeit anstoßen! Wir können Machtmissbrauch, Korruption und abgestumpfte Parteipolitik zurückdrängen. **Wir können für Transparenz und Fairness in der Politik sorgen.** Wir können die Bürokratie auf Diätkur setzen und in Zukunftsbereiche wie Forschung, Bildung und Innovation investieren. Wir können den Staatshaushalt sanieren und die Menschen sowie die Wirtschaft von zu hohen Steuern und Filz entlasten, um mehr Chancen auf persönliche Entfaltung und wirtschaftlichen Erfolg zu kultivieren. Wir können Freude und Entschlossenheit in die Politik tragen. **Wir können Österreich vom Parteien-Staat zur BürgerInnen-Republik machen!**

Es ist und tut gut, sich in die eigenen Angelegenheiten einzumischen. **Menschen können, wollen und sollen über Dinge, die sie betreffen, mitentscheiden** – im Bewusstsein der Verantwortung, die sie damit tragen. Ja, der wichtigste Job in einer Demokratie ist der des Bürgers, der Bürgerin.

»Wenn viele kleine Menschen an vielen kleinen Orten viele kleine Schritte gehen, dann können sie das Gesicht der Welt verändern«, sagt eine Lebensweisheit. Gut so. Und noch besser: So klein sind wir nicht. Ganz im Gegenteil. Lasst uns groß vom Menschen denken! Von jedem Menschen. Und dann stellen wir uns vor: **Wir gehen gemeinsam kleine und große Schritte! Es ist möglich.**

Ein Bild, das mich leitet: »Wenn du schnell gehen willst, geh alleine. Wenn du weit gehen willst, geh mit vielen!« Gemeinsam haben wir uns auf einen weiten Weg gemacht. Lasst uns diesen Weg der Neuerung mit so vielen wie möglich gehen.
Kommst Du mit? Dann melde Dich!

Matthias Strolz
matthias.strolz@neos.eu

MEIN PERSÖNLICHER CHANCEN-KOMPASS

von

für mein neues Österreich

WOHIN GEHT DIE REISE?

MEIN ECHO

WELCHE **GEDANKEN** KAMEN MIR BEIM LESEN?

....

....

....

....

....

....

....

....

....

WO KANN ICH MIT, WO NICHT? ....

....

....

....

....

....

....

WAS BEDEUTET FÜR MICH **#FREIHEIT?**

WELCHE **GROSSEN CHANCEN** HAT MIR DAS LEBEN BISHER GEBRACHT?

WELCHE CHANCEN **WÜNSCHE** ICH MIR FÜR MICH UND MEIN UMFELD IN DEN NÄCHSTEN 5 JAHREN?

WELCHE HABE ICH **GENUTZT,** WELCHE **VER-GEIGT?**

Freiheit braucht Werte

MEINE

WERTE

WAS IST MIR WICHTIG IM LEBEN?

WELCHE WERTE LEITEN MEIN HANDELN?

WAS IST UM MICH LOS?

HEMMUNGSLOS **DRAUF LOSMALEN**

WELCHES BILD HABE ICH VON MIR IN DER WELT?

Hier zeichne ich hemmungslos: meine Verortung beruflich und privat, meine Hobbies, wo bin ich wie eingebettet?

„Politik ist der Ort, wo wir uns ausmachen, wie wir miteinander leben."

WAS **WÜNSCHE** ICH MIR VON DIESEM ORT UND AN DIESEM ORT?

WAS WILL ICH **GEBEN**?

WAS WILL ICH **NEHMEN**?

WAS HÖRE ICH HIER?

MEINE VISION

Mein Platz in der Freien Chancengesellschaft

DIESES BILD LEITET MICH …

DA WILL ICH HIN!

Position beziehen

Ich bin für ...

Ich bin gegen ...

Freiheit!
Chancen?
Jetzt rede ich.
Glück!

WAS SAGEN POLITIKERinnen?

Und das sage ich:

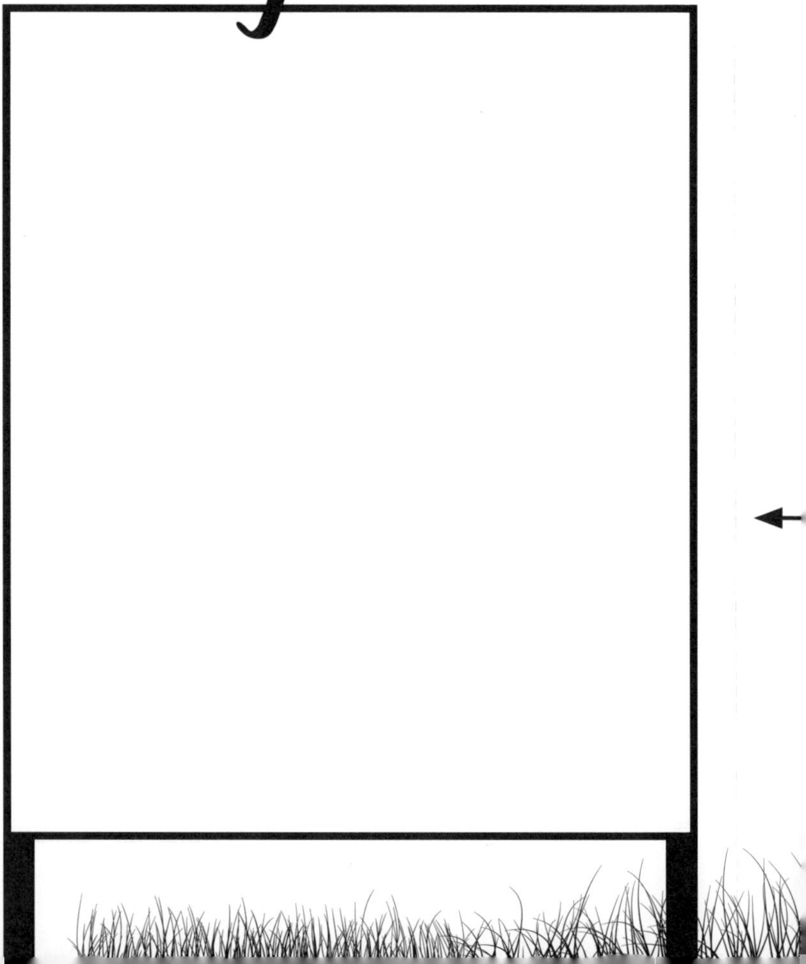

Politik ist inhaltsleer, Politiker sind Phrasendrescher. Ich mach's besser!

WIE SIEHT DEIN WAHLPLAKAT AUS?

MEIN PLAN!

Ich habe folgenden Plan:

... und überzeuge diese Woche zwei Menschen davon. Wen?

Wie ist es mir dabei ergangen?

DAS SCHAU ICH MIR JETZT GENAUER AN!

Gemeinderats- und Bezirkssitzungen sind öffentlich. Nationalratssitzungen sind öffentlich.

Da geh ich jetzt hin: ______________________________

Wann: ____________________ **Wo:** ____________________

- ○ Dort wurden wichtige Themen besprochen.
- ○ Es wurden für mich richtige Positionen vertreten.
- ○ Ich habe vor allem Phrasendrescherei gehört.
- ○ ______________________________

Ist das ein Job, den ich machen möchte?

○ Ja ○ Nein

Was erwarte ich von jemandem, der diesen Job macht?

....

....

....

MICH IN MEINE ANGELEGENHEITEN EINMISCHEN!

Unter welchen **BEDINGUNGEN** wäre ich bereit, mich aktiv in einer politischen Bewegung einzubringen?

Was möchte ich einbringen?

Welche **BÜRGERINNENINITIATIVEN** gibt es in meiner Umgebung? Was tun sie für mich? Was kann ich für sie tun?

ICH WILL BEWEGEN! JETZT MIT ANPACKEN!

Ja, ich möchte bei NEOS mitmachen.

WAS KANN ICH BESONDERS GUT?	WAS MACHE ICH BESONDERS GERN?

Mein Name

Kontakt (Email, Telefon)

Bitte einfach ausfüllen und in ein Kuvert an:

NEOS – Die Bürger_innenbewegung
Kennwort „Mein neues Österreich"
Neustiftgasse 73-75, 1070 Wien

HALLO NEOS!

SCHICKT DIESES BUCH AUCH AN:

____

____

____

#flügelheben

MIT GRÜSSEN VON:

____

____

____

**Trenn diese Seite aus dem Buch,
steck sie in ein Kuvert und schick sie an:**

NEOS – Die Bürger_innenbewegung
Kennwort »Mein neues Österreich«
Neustiftgasse 73-75, 1070 Wien

oder per Mail an matthias.strolz@neos.eu

Gerne unterstütze ich NEOS mit einem finanziellen Beitrag.

☐ 20 Euro ☐ 50 Euro ☐ 100 Euro ☐ __________

Wir freuen uns über Deine Überweisung auf partei.neos.eu/spenden bzw. auf das Konto NEOS, IBAN: AT40 20111 82152747600, Verwendungszweck »Mein neues Österreich«.